まず、バカになろう

高橋歩×山﨑拓巳

★ ★ ★

Ayumu Takahashi & Takumi Yamazaki

常識とは、十八歳までに身につけた、
偏見のコレクションのことを言う。

——アルベルト・アインシュタイン

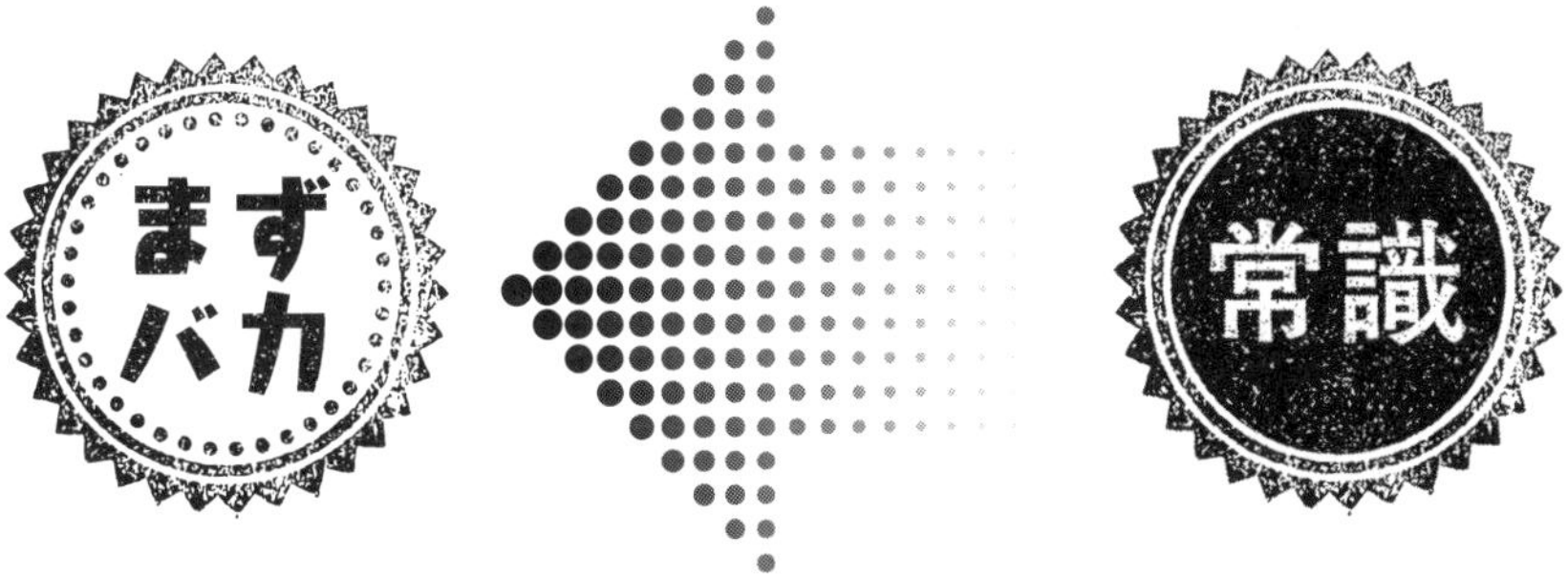
まずバカ
常識

はじめに

この本では、一般的に言われがちな「常識」と、
それに対しての僕たちの考え「まずバカ」を、並べて紹介しました。

大きく変化し続けるであろう、これからの新時代を、
楽しく幸せに生き抜くために。

いわゆる常識は、ちょっと横に置いて……
まず、バカになろう。

シンプルで、パワフルな自分を通り戻すために……
まず、バカになろう。

自分のハートに正直に、まっすぐ生きていくために……
まず、バカになろう。

数十時間に渡る、膨大なふたりの会話から、厳選に厳選を重ねて、
キラッと輝く原石のみを、散りばめてみました。

ゆっくりと、宝探しでもするつもりで、
この本を楽しんでもらえれば、と思います。

では、はじまり、はじまり……

CONTENTS 目次

−第1章−

▶P11 生き方について

★ ★ ★

LIFE STYLE

−第2章−

▶P55 仕事・お金について

★ ★ ★

WORK & MONEY

−第3章−

▶P95 人間関係について

★ ★ ★

RELATIONSHIP

−第4章−

▶P131 旅・世界平和について

★ ★ ★

JOURNEY & WORLD PEACE

まず、

になろう。

いやいや、そういうことじゃなくって。
オレたち人間なんだからさ・・・

まず、バカになろう

高橋歩×山﨑拓巳

★ ★ ★

Ayumu Takahashi & Takumi Yamazaki

AWESOME
MAZU★BAKA

まず、バカになろう

第1章

生き方

について

★ ★ ★

LIFE STYLE

まず バカ

常識

常識

LIFE STYLE

1

生き方について

★ ★ ★

人のマネはしない。
自分らしく、オリジナルの生き方を。

まずバカ

人間の成長は、憧れて、マネすることからはじまる。

自分らしさなんて、気にしなくていいから、自分の感性に響いた、「これ、サイコー！」を、どんどんマネして、取り入れていこう。

俺は、昔から、超マネっこ星人（笑）。

とにかく、日々、アンテナを全開にして、偉人から、身近な人まで、いろんな素敵な生き方に触れながら、自分のフィーリングで、「こういう人になりたい！」っていう理想の人がいたら、どんどんマネしてるね。

口癖でも、かっこうでも、動きでも、考え方でも、なんでも。

最初は演技でもいいじゃんって。

とにかく、理想の人、理想に近い人のマネをしまくる。

そんな風に暮らしているうちに、だんだんと自分が洗脳されてきて、知らぬ間に、本当に、そういう人間になっていくんだよね。

生まれつきの性格なので……なんて言う人いるけど、

性格なんて変わるし、作っていけるものだと、俺は思うな。

★★★

LIFE STYLE 1 生き方 について

★ ★ ★

あゆむはね、すごく研究してるよね。
ゲバラを研究してみたり、ウォルト・ディズニーを研究してみたり。
いつも、「**自分のあるべき像**」みたいなものを、探しているっていうか。

★ ★ ★

俺は、リスペクトできる人を超研究しながら……っていうか、研究っていう感覚を持ってないけど、いろんな面で取り入れている。

もし、時空を超えて、この飲み会に、その人が交じっていたら、今、なんて言うか。

それが、だいたいわかるぐらい。

信長とかチェ・ゲバラとかボブ・マーリーとか。

「今、ここにいたら、こういうこと言うだろうな」って（笑）。

だって、俺、ジョン・レノンが大好きで、「高校時代のジョンと同じ空気を吸ってみよう！」ってことで、彼が通っていたリヴァプール郊外にある高校のバス停までいっているから。

ボブ・マーリーも、彼が子どもの頃育ったナインマイルっていう村にいって、お家にいったり、畑がある森の中までいちいちいったりするわけよ。

そうやって、彼らの日常だった空間に肌で触れると、**手の届かない偉人だと思ってた人も、なにげに、普通の人間なんだなって、肌で感じるしね。**

下手すると、ちょっとトモダチ感すら出てくるじゃん、勝手にね。

★
★
★

やっぱ、やるね～。
でもさ、そういうのって、どの辺からはじまったの？

★
★
★

大学生くらいかなぁ。

そのときの俺は、何も成し遂げてないし、この先も、すごいことやりそうな気配がまったくない兄ちゃんだった。

だから、「かっこよく生きている人たちって、若い頃、どういう感じだったのかなぁ？」っていうのを研究していって。それで、ちょっとしたことからマネていった。

相変わらず、今でもそうだな。いろんな映画観たり、いろんな漫画見たり、いろんな人と会ったり、酒を飲んだりしながら、細かいパクリをずーっとやってるよね。

「この人の人生を丸ごとマネしよう！」みたいな感じではなく、「この人のここはスゴイ！」みたいなのを、いっぱい集めてきている。

いろんな人の素敵なエピソードや、インタビューで話していた言葉みたいなのが、俺の頭の中の倉庫にワーッって、いっぱい保存されてて。

自分に何かあったときに、たぶん、その脳内倉庫にアクセスしてんだよね、俺。

それで、**いろんな人の素敵なキラキラした部分を取り出してきて、マネしてんだよ、本能的に。無意識だけど。**

だから、「あゆむさんって、すごく独創的ですねー！」とか言われると、「いやいや、そうじゃなくてさ、今のは、ゲバラのあのときの感じと、信長のあのときの感じを混ぜた感じなんだよね〜」みたいな。

だから、全然オリジナルじゃない！（笑）

そもそも、「高橋歩オリジナル」とか、そういうことにあまり興味がない。

俺はもう、**「ああなりたい！って思って、かっこいい人をマネしようとすることが、自分自身を成長させるんだ」**って、スッキリ思ってるね。

俺にオリジナリティがあるとすれば、「いろんな人のかっこよさを、どうコラージュしたか、どう組み合わせたか」だけでしょ。

★★★

僕も、本当にそれだと思ってたよ、自分のこと。
僕も、すごい影響受けやすい体質なので、いろんな人と会う度に、

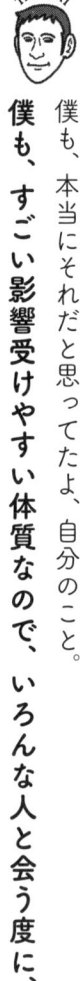

LIFE STYLE
1
生き方
について
★★★

いろんなものをくっつけていくタイプなのね。


森の中に入ると、服にいっぱいくっついてくる草の種みたいな感じで。

誰か、面白い人に会うと、すごく楽しいわけ。

「この人にハマりこむ～」って、グーっとハマりこんでいって。ガムで言うと味がなくなってくるぐらいその人を追っかけて。「も～、味なくなっちゃった！」ってなると、次のガムを探すみたいな（笑）。

そうやって僕は成長していくタイプなんだと思うんだけど。


オリジナリティっていうのは、マネしないことじゃなくて。

誰のどこをマネしているか、誰のどこに影響を受けているか。

そのブレンドの仕方、ハイブリッドの作り方のことなのかもしれないね。


そういう役柄を演じてたら、知らぬ間に、本当にそういう人になっちゃった、みたいな。

それは、僕も実体験的に、すごくあるね。

自分の性格とか、キャラとか、自分らしさとか、オリジナルとか。
そんなこと、気にしてもしょうがないっしょ。

自分が持っているものなんて、自分でハッキリわからないわけだし。
しかも、日々、変化していくんだし。
あとさ、「等身大で、ありのままで生きよう」みたいなのも、なんか、ピンとこなくない？

等身大じゃ、チビのまま。
ありのままじゃ、アリさんのままでしょ？（笑）
常に、アクセルをベタ踏みのまんまさ。
日々、進化し続ける、成長フェチでいたいな、俺は。

★
★
★

LIFE STYLE

1

生き方について

★ ★ ★

人生で、アクセルをベタ踏みしたことがあるかないかって、すごく重要だよね。

やったことあれば、自信があるじゃない？

「何もかも手放して、何もなくなっても、もう一回ベタ踏みすりゃ、すぐ戻ってこれるわ、ここまで」っていうのがあるでしょ？

でも、アクセルを踏んだことない人は、怖いだろうね。

もう、しがみつくしかないよね、今にね。

★ ★ ★

うん。そうそう。

いつも思うけど、**ミラクルが起こるのって、チャレンジしている人限定じゃん。**

もう、余計なことは考えずにさ。

自分の描く、最高の自分に向かって、まっすぐ突っ走っていくのみでしょ。

常識

LIFE STYLE 2

生き方について

★★★

自由になりたい。幸せになりたい。
そのためには、もっと、お金と時間が必要だ。

自由も幸せも、「なる」ものじゃなくて、「感じる」もの。

もちろん、金や時間も大切だけど、一番必要なのは、「感じる力」。まずは、自分に搭載されているハッピーセンサーの感度を上げることからはじめよう。

「幸せの条件」とか言いはじめると、「お金」や「時間」っていう話がくるじゃん？「幸せになるために、いくら必要で、あれもこれも必要だから、それを揃えなきゃ……」と考えている人は、ずーっとそれを満たすことばっかり考えながら死んでいく、と俺は思っていて。

「自由」も「幸せ」も、「感じる」ものなわけだから。

今、ココにあるものだから。先延ばししちゃダメなんだよね。

「こうなったら幸せになれるのに」って思っているまま、ずーっと幸せを感じられぬまま、死んでいくわけよ。

幸せとか、自由とかって、あんまりお金や時間と、関係なくね？

そんな、お金とか時間とかいっぱいなくったって、アンテナさえちゃんと張っていれば、幸せを感じられることって、日常に溢れてるよね？

たとえば、身近な日常の例で言うとさ。

すっごく、よく眠れて、シャワー浴びて、朝飯もおいしくて。外に出たら、いい天気で、めっちゃ気持ちいい風とか吹いてて。さらに、信号のところに、重い荷物を持ったおばあちゃんがいて、「おばあちゃん、危ないよ。荷物、持とうか?」とか言って。それで、満面の笑みで、「ありがとね〜」とか言われちゃったら、「もう、マジで神じゃない? 今日、サイコーじゃん!」みたいな気持ちになるでしょ?

あれ、ならない?(笑)

まぁ、身近なことから、人生の大イベントまで、人それぞれ、なんでもいいんだけど、**「生きててよかった!」って感じる、楽しい、気持ちいい時間。**

結局、人生の中で、それをどれだけ感じられるかでしょ。

日々の中で、そんな素敵な時間をなるべく多く、濃くすることを、俺は目指しているね。

★
★
★

うんうん、すごく、アグリー（賛成）。

今のあゆむの話を聞いてて思い出したんだけど。
「フロー」ってあるでしょ？
心が、思いっきり集中していて、研ぎ澄まされて、満ちているような状態。
そのフローに入るためには、2つの条件が揃わないといけないらしくて。
1つは、「未来にワクワクしていること」。
もう1つは、「今に感謝していること」。
本当にありがたいな……。こういう感謝だけだと、停滞するじゃん。
でも、未来にワクワクしてるだけだと、ただの未来くんになっちゃうから。
その両方が重なった瞬間に、バカーンってフローに入れるんだって。
たとえば、今に恐れを感じてる人は、フローには入れないじゃない？
緊急なことに追われてばかりいると、感謝どころか、追われてるから、「えー！

それどころじゃないんです、早くお金を振り込まないと不渡りになっちゃうんです」みたいなことになってると、フローには入れなくて。

もともと完全な人間なんていないのに、欠けていることばかりに目がいっちゃうと、「あぁーダメだダメだ、早くココを埋めたい……」って思うから、コンプレックスから動いちゃったりする。

「ココが埋まらなくってもOK！　これだけで十分ハッピーだよね」って思えるかどうかっていうのが、やっぱり、ミソだよね。

要は、**「もう満ち足りてるんだ」っていう発想と、「ああなったら、すごいよね」っていうワクワクが交差するとフローに入れるんだよね。**

そういう意味では、あゆむは、万年フローかもな（笑）。

常識

LIFE STYLE

3

生き方

について

★ ★ ★

常識の枠を外そう。

「枠を外そう」とか言っているうちは、無理でしょ。

そんなのあり?っていう人に会いまくっていれば、勝手に枠なんて消えてるよ。

「明日から、枠にとらわれない！」とか言うけど、それがもう「枠」だよね。

とにかく、「こんなの、ありなんだ！」っていう実例に触れること。

自分の常識の外にいる人に、会いまくることでしょ。

「あ！　コレ、ありなんだ！」って思う感覚が、枠が外れているってことでさ。

だから、俺は、「これありかフェチ」っていうくらい、そんなことばっかり探してるね。

★
★
★

「決まった大人」としか会ってないと、「決まった大人で世の中が構成されている」と思いがちだけど、**いつも、破天荒な人たちが今の仕組みを壊して、次の新しい仕組みを作っていって、せっせせっせと普通の人たちがそれを守ってる、**っていう図だと思うのね。
大半は、名もない、目立たない、たとえばすれ違っても気にならない人たちがこ

の世の中を支えてるわけだけど、「作ってる」のは破天荒な人たちだからね。

だから、「それ、アリ?」っていうのを、見ておく必要があると思うんだよね。

それは、あゆむみたいな「それ、アリ?」系もあるし、あと世の中には、ビックリするような頭イイ奴っているわけ。そういう奴らに出会ってみるとか。


なるべく、破天荒な大人を見た方がいいよ。

そうすると、頭の中にフォーマットが、柔軟なままで、固まっていかないからね。

★
★
★

そうそう、とにかく、まずはさ。
どんどん、いい感じに狂っている人たちがいる空間に自分を置きまくって、

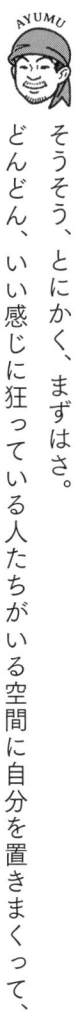

同じ空気を吸ってみることだよね。

★★★

やっぱり天才はね、「宇宙」や「世界」を語るんだよね。
秀才は、「我々」とか「僕たちの組織」ってところに注目する。
凡人は、「私」とか「あなた」に注目するわけ。

でね、**多数決取ると、凡人が多いから、負けるんだよ。**
特に変化の激しいときは、みんな変化を嫌うから。
凡人は、「変化をしない方」に手を挙げるんだよね。

だからこそ、**今みたいな時代はね、「変態」が必要なの。**
要は、クレイジーなカリスマが、センス良く、「こっちだ！」って言う必要

があるよね。

でも、本来っていう意味で言えばさ。
ひとりひとりが「変態」なんだよね。
それを、「統一しよう、均一化しよう」ってのが間違っているんです。

それを、肌感覚でわかっている人だけが、自分の変態っぷりを活かして、楽しく
生きているんだと思うなぁ。

参考文献：『天才を殺す凡人 ― 職場の人間関係に悩む、すべての人へ』（北野唯我／日本経済新聞出版社）

常識

LIFE STYLE 4

生き方について

★★★

成長とは？
新しいものを、どんどん獲得していくことだ。

まずバカ

成長とは?
脱力していくことだ。
余分な力を抜けば抜くほど早くなる。

人間の成長っていう意味で、面白い話があって。
人間の成長には、4つのステップがあるんだっていう話でさ。

わかりやすく、建物にたとえると、1階、2階、3階、トップテラス（屋上）まであって。

自分がいる場所によって、ものの見え方は違うよね。

1階は、「to me」っていう価値観。

要は、「世界が自分に迫ってくる」っていう。だから被害者になっちゃうんだって。
「私はダメだ」「親が反対してできない」「お金がないからできない」「才能がないからできない」って、常に被害者ゾーンに入ってしまって、社会というものの中で、自分は責められてるという状態にいる人が1階にいる、と。

この人たちは、「絶対できない」っていう前提からスタートしてるので、このマインドセット、思い込みを超えて2階にいくためには、ゲームをはじめないといけない。

どんなゲームかというと、「そんなの手に入ったら、すごいね」「そんなのできたら、すごいよね」と、できないと思ってた自分ができたらすごいねって、とりあえず言ってみる。

言ってみると、そこから波動が発生して、この社会自体を自分が作ってるわけだから、「できてしまうこと」が出てくるわけ。

そうすると、**2階にいって、「思いは叶えられる」っていう、「by me」に入る**んだって。

by？　……あ、「自分によって」ってことね。

そう。**自分によって、この世の中ができている。**

「だから頑張らないと」、「だからいいことを思わないと」って、「by me」に入りだす。

そうすると、自分、自分で、自分のことにばかり執着しているから、ある程度以上いくと、うまくいかなくなって、今度は「自分が加害者だ」って自分を傷つけはじめるのね。

この段階はあるでしょ？　あったでしょ？　「俺がやるって決めたらいけるんだよ！」「とにかく、頑張るしかねぇんだよ！」みたいな。この状態だと疲弊しやすい。

今度は、もうひとつ上に上がろうと思うと、「あれ？　これ、やたらめったら頑張ることが大切なんじゃなくて、**自分の心の中の世界が変わったときに、現実も変わるよね**」っていうことに気づく必要がある。これが3階なのね。

3階は、「through me」なんだって。「自分を通して出てくるインスピレー

ションに従って動くと、うまくいくんだ」っていう。

「through me」ってよくできていて、「from me」じゃないのよ。

「from me」は我欲から出るじゃん？　「俺はこういう風に思うんだよね」みたいな。「by me」に近いよね。

「through me」っていうのは、もっと大いなるところからやってきている感覚じゃない？

自分の中のエネルギーワークを変える感じ。

「自分の心の世界を整えていけば、インスピレーションがやってきて、現実も整っていくんだ」ってなってくる。

そうすると、**最後は、「思う＝叶う」のトップテラスに出ることになるわけ。**

これってね、「as me」なんだって。

「自分として」のライフなので、**要は、「人と自分」とか「宇宙と自分」の境界線がなくなりはじめる。**

3階までは、ミッションがあるわけ。でもトップテラスに入ると、ミッションすらなくなって、**「私を幸せにすればいいじゃん。だって、私が宇宙で、私が神よ！」っていう世界になる。**

だから、学ぶものがなくなりはじめるの。

★★★

なんか、トップテラスいきたくないな～（笑）。

★★★

いや、そんな思いすら、なくなっていくんだって。
「我」っていう存在すらなくなっていく感覚。

でも、たまにいるよね？　そういう成功者。「どうやって成功したんですか」って聞いても、「運が良かったの～♡」みたいな。「えっと……成功の秘訣を教えてください！」って言っても、「うーん……感謝？」みたいな。

「ダメだ、この人からは学べない！」っていう、イっちゃってる偉人、いるじゃない？（笑）

あれって、「as me」なんだよね～。

★★★

自分に対して世界が……っていう、「to me」、
自分によって世界は……っていう、「by me」、
自分を通して世界を……っていう、「through me」、
自分＝世界として……っていう、「as me」。
そんな感じかな？

感覚では、みんな、なんとなくわかっていることかもしれないけど。
これを、言語化できた人がすごいな、と思うよね。

★
★
★

今の4ステップの話、面白いなぁと思ったのは、俺は特に意識していなかったけど、夢を持ってガンガン熱く追いかけていくことをずっと続けていく中で、あるときから、**脱力した方が早くなる感じ**を得たんだよね。
別に仕事サボるみたいな意味じゃなくて、心の状態っていうか、取り組み方の問題なんだけど。
どっちにしても、日々やっていることは結構ガツガツやっているんだけど、心の中のキーワードが、「透明」っていう言葉になっているような。
それまで、成長っていうのは、「スキルや知識をどんどん獲得して、力をつけていくこと」みたいに思っていたんだけど、途中から、だんだんと、余分な力が抜けていって。

「原点に還ろう」ともちょっと違うんだけど、**「心がシンプルになればなるほど、行動はどんどんパワフルになるのかも？」**みたいな。

だから、どっちかっていうと、**「なんでも身につけていく」**というよりは、**「余計なものを脱いでいく」という感じが成長なんだよね、**って思うようになったかな。

もちろん、仙人みたいに、いきなりそんなこと感じたんじゃなくて。

かなり長い間、右往左往しながら、がむしゃらに頑張った時期があったうえで、そこに至ったんだと思うけど。

★★★

うんうん、そうそう。わかる、わかる。

たとえば、さっきの4ステップの話で言うと、僕が1階にいたのは、子どものときで。陸上競技をやっていく中でクリアしたんだよね。

「やればいけるんだ、俺みたいな奴でも」って。

そうすると今度は、2階の「by me」に入るから、「よーし、人生をコントロールしてやる！　操縦してやる！」って思ってやっていって、20歳でビジネスをはじめて、ある程度は成功したけど、途中で、頭打ちになって。なんか疲れてしまう時期があって。

そこで、バシャール※と出会ったんだよね。バシャールの本に書かれていたロジックを知って、「**え！　ワクワクすることを選択するんだ～**」って感動して、ワーって実際にやってみたら、仕事で、もう一段上まで成功することができて。

「じゃ、次は本を書こう」って、誰からもオファーがないのに、ホテルに缶詰になって原稿を書いてたときに、あゆむと出会ったわけ。

「サンクチュアリ出版の社長？　え、本当？　俺も本出したい！」って言って。

そのときに得ていた感覚、**要は、力がいっぱい入ってやっていた自分から、力をふっと抜いて、藻のようになった自分で考える**といった感覚を、その原稿に書いていたんだけど、それが1冊目になったんだよね。

だから、あゆむに出会った頃は、肩の力が抜けはじめた頃の山﨑拓巳だったわけ。

それまでは、「ガツガツ屋でいくしかない」と思ってやっていて、それで頭打ちになったから、そこから、**「あ、自分の中のワクワクをトレースしていけばいいのか」と変わりはじめたことによって、どんどん展開していったん**だよね。

★ ★ ★

でもさ、これ、誤解を生みやすい話だなと思って。

「目標を達成するために、ガンガン動いてる」っていうのは同じだと思うんだよね。「動かなくなって、ボーっとしてる。だけど、勝手に人生がうまくいく」っていう意味じゃなくて。

俺も、20代は、無理やり燃焼させて、達成しようとしていた。

とにかく、寝ないで、超熱く、無理やり燃やしていた感じ。

それが、結婚したり、世界を旅したりした頃からかな。

ちゃんと、自分の心の声を聞くようになったら、自然に、やり甲斐が溢れてくるようになった。

なんか、普通にやってるのに、速度が上がっちゃってるぞ、みたいな。

発電のシステム自体が変わった感じ？　無理やり着火してんじゃなくて。

「あゆむ、超燃えてるよね！」とか言われるけど、俺自身、普通にやっている感じで。

だから、WORLD PEACEの活動も、すごく注意してんのは、そこね。

「やんなきゃ！」となると、きっと、また燃料を思いっきりくべるほうになってきちゃうから。

「思いっきり楽しみながら、世界を平和に」とか、そういうことを忘れないようにしておかないと。

人間って、知らない間に、「やりたい」ではじめたことが、「やんなきゃ」になるじゃん？

それは、また、発電のシステムが昔に戻ってきちゃうからだよね。

それを、すごく意識しているかも。仲間とも、そんな話、よくしてるし。

要は、「2階に降りないようにしてる」んだよね?

「by me」にならないように、**「through me」のインスピレーションで、シンクロニシティを起こして展開していくような感覚**なんだよ。

そうするとね、仕事の感覚じゃなくなるんだよね。

2階のときは、仕事なんだって。

「やらなきゃ」っていう。「仕事とプライベートは別で」みたいな。

それが**3階に入ると、仕事もプライベートも一緒になって、全部喜びになっちゃうんだよね。**

※バシャール（BASHAR）
アメリカ人のチャネラーであるダリル・アンカが交信しているとされる地球外知的生命体、つまり宇宙人のこと。特定の宇宙人を指しているのではなく複数の意識が合わさったような存在。「ワクワクする気持ちに従って生きることが、人生の目的であり、人生において最も重要なことである」と発言している。

常識

LIFE STYLE

5

生き方

について

★★★

一度きりの人生だから、
悔いのないように生きたい。

人生はリンカネーションしていくから、
「今回の人生」という期間で、魂を磨いていく。
来世があるからこそ、頑張れる。

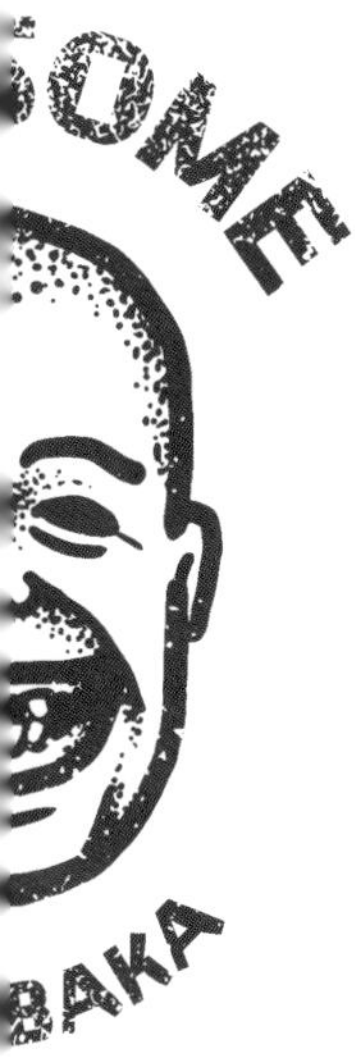

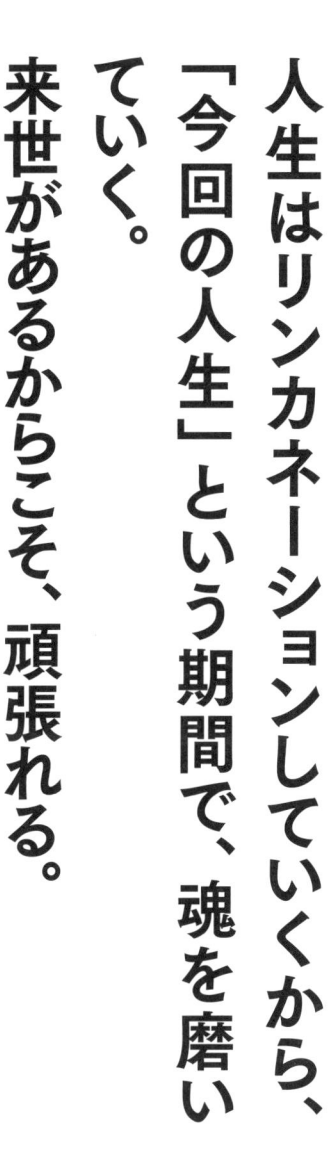

僕の場合、今世、今回の人生は、「山﨑拓巳」というのに宿っている。

ま、「山﨑拓巳」という乗り物に乗ってる、っていう感じ。

今回の人生という期間の中で、魂を磨いていく。

この乗り物には、「ここまでしかいけません」という限界が普通はあるんだけど、

「それを越えられるんじゃないかな？」とチャレンジし続けている。

それを越えられたら、「じゃあ、次は、このゲームを頑張ってみてください」っていうことで、次があると思っているよ。

「けっこう高得点でクリアしましたねー！　だったら次はこのゲームです」みたいなのがくるんじゃないかな？と考えている。

★ ★ ★

来世も人間で生まれるの？　その設定は決まっているの？

今までに、いっぱい輪廻転生して、やっと人間までのぼってきたっていう感覚？

LIFE STYLE

5

生き方について

★★★

うん、僕らは全員、何度も生まれ変わって、人間までのぼってきたんだと思うよ。

そして、また、これをクリアしたら、次のゲーム、次のゲーム、とできるわけよ。

そうやって、ずーっとリンカネーション（輪廻・転生）しながら、魂を磨いていく。

僕は、そういう設定にして、生きてるかな。

だって、もし、来世がないんだったら、もっと違う選択肢を選ぶもんね。

来世があると思っているから、サボらずに努力している。

普通だったら、生まれてから死ぬまでの間では成長できないぐらいの成長をして。

あの世にいったときに、「かなり成長しましたねー」って向こうで言われたい。

死んだら「ハイ終わり！」なんだったら、僕はこんなに努力しない。

もう、六本木で常に酔っ払ってる（笑）。

★★★

来世なかったら、仕事しないで、六本木で、毎日、酔っ払い続けるんだ！
それ、ウケる！（笑）

拓巳さんが頑張っているのは、来世モチベーションもあるんだね。

20年一緒にいるのに、知らなかった、それ。

俺の場合、来世の話になったらいつも思うんだよ。

俺は絶対に、「来世はバッタだろうな」って（笑）。

イナゴみたいな、超いっぱいいるやつ。

で、バッタ史上、最強のリーダーになって、「みんなで人間を襲おうぜ！ おりゃー！」とかやっちゃったりして（笑）。

そのときは、人間として頑張っている拓巳さんを、俺、襲いにいくからね。

拓巳さんが積み上げてきたものを、何万匹のイナゴ軍団を率いて、一瞬にして壊す！ みたいな（笑）。

まぁ、まぁ、バッタはいいとして。

拓巳さんが言う、「成長」とか「魂を磨く」って、どういうニュアンスなの？

「どこに向かって、何に向かって」というか、ゴールはあるの？

LIFE STYLE

5

生き方について

何に向かって、か……。

常に磨き続けていって、最終的には透明になっていくと思うんだけど。

宮沢賢治もさ、「そういうものに、わたしはなりたい」って言うけど、あんな人にはなれないよ。

病気の子どもがいたら、いって看病してやって、死にそうな人あれば、いって怖がらなくてもいいと言って……いや、やれないなー！　そこまでは、と思うけど。

なれはしないけど、あきらめてるわけではなくて。

少しでも、あんな風になれないかなーって思ってるね。

AWESOME
MAZU☆BAKA

まず、バカになろう

第2章

仕事・お金について

★ ★ ★

まずバカ

常識

WORK

&

MONEY

常識

WORK & MONEY

1

仕事・お金

について

★ ★ ★

家族を守るためには、生活のお金が第一。
まずは、チャレンジよりも、安定を。

まずバカ

チャレンジする父ちゃんの背中を見せ続けたい。

万が一、しくじって貧乏なときがあっても、日本という恵まれた国であれば、気合いでバイトすれば、家族くらい、食べさせられるしね。

あゆむは、「大きいことをやろうぜ！　やりたいことをやろうぜ！」って言って、本当にたくさんの人を巻き込んで、「大人のカツアゲ（笑）」でみんなから資金を集めて、大きな夢に、どんどんチャレンジしていくんだけど。

何が魅力かっていうと、「**失敗しても、自分の大切な家族ぐらい、ピザーラでバイトしても食わしていけんじゃん。そこになんか疑問ある？　ないでしょ？　だったら、デカいこと一緒にやろうよ」っていうロジック。**

これに巻き込まれてるの（笑）。

ある意味、チャレンジするのがすごいんじゃなくて、「**しくじったって、家族ぐらいは何やったって食わすことができんじゃん？」っていう、この腹のくくり方、ベースのセッティングがすごいんだよね。**

「失ったとしても大丈夫ライン」が、そこに引かれているところが強い。

逆に、僕の場合は、「ここまで成功したら、ここは守りたい」。

そして、また、「次に成功したら、ここまで守りたい」。

みたいなものをすごく目指していて、ディフェンシブなわけ。

だから、ブレーキとアクセルを一緒に踏んでいるきらいがあるよね。


だから、すぐ、「拓巳さん、パワーあるのに、なんでそんなセコいチャレンジしてんですか？」ってあゆむに言われるわけ。

「大切なのは家族でしょ？　万が一失敗しても、家族くらい、ピザーラでバイトしても十分食べさせられるじゃん。だったらデカい勝負しましょうよ！」って、少年のようなキラキラのオーラで言ってくるわけ。

で、僕は、「いやいや、ここは守んないといけないんだよね。だから、ここまでのチャレンジだったら可能だね」みたいになる。

あゆむは、その幅がデカいわけ。僕は、セコいわけ。

だから、あゆむの存在ってのは、僕にとって、ものすごく重要で、いつもいつも、原点回帰させてくれる。

「幸せに生きていくうえで、ベーシックに必要なものってなんなのよ？」っていうのがわかったうえでのチャレンジってのは、「捨て身」じゃなくて、「守り身の一番ミニマム」みたいな……なんて言うの？

捨て身でチャレンジしているわけじゃないんだよね。

守るものはきちんと守りながら、なんだけど、それが、ミニマムなんだよね。

だから強いよなーっていうのを、あゆむにいつも感じるんだよね。

★
★
★

ぶっちゃけ、拓巳さんの場合はさ、「守りたいもの」っていうのをあえて言うなら、お金なのか、それとも、人間関係や立場みたいな全般なのか、どっち？
金はあるが、「山崎拓巳、マジで終わってるよね」ってなるか。
みんなの「たくみさ〜ん、素敵♡」っていうのは守られてんだけど、金は失うか。

★
★
★

WORK & MONEY
1
仕事・お金
について

★★★

前者。
評判悪くても、お金を守った方がいいな。
友達はいくらだってできるし、世界はいくらでも作れるけど、お金は失いたくない。

★★★

えっ？　そう？　全然、そう見えないなぁ。

20年くらい一緒にいるけど、仲間とか、めちゃくちゃ大事にしてるじゃん。

なんか、違う意味で言っている気もするけど、まぁ、いいや。

ちなみに、俺は、完全に後者かな。

お金については、どうにでもなるし、無一文になったらなったで、また、何がはじまるか？　ロマンチック！　みたいな（笑）。

確かにそうだよね(笑)。
仲間、大切。20代、絶不調のときも仲間に救われたもんな〜。
しかし、あゆむが強いのは、それだよね。だから大勝負ができるよね。
僕はさ、「費用対効果」とか考える。これが博打だとすると、「これが元手」っていうのを横に置いておいて、「ここまでは負けていいんで」みたいなやり方でやる。あゆむの場合は、「元手がなくなっちゃったとしても、ピザーラでバイトすりゃ、家族は養えるからOK！　よし、この一発に全部賭けるぞ！」って。それは強さだよね。

★ ★ ★

あと、**家族を作っていくうえで、俺が意識してたのは、最初から「サバ**

WORK & MONEY 1
仕事・お金 について
★ ★ ★

イバルファミリー」みたいにしておくこと。

「金があるときはブチかませ！　金がないときはマジみんなでサバイバルだからな」みたいな空気が、家族内の基本になってる。

「金がないならないで、家族みんなで工夫して、楽しんでいけばいいじゃん」っていう感じで。

妻のさやかにも、結婚するときに、「俺、死ぬまでやりたいことやるから、たまに貧乏になることもあるかもしれないけど、そこんとこ、よろしく！　いつでも、明るく元気にやっていこうな」って話して、事前にOKとってるしね。

その代わり、ふたりの間で、1年ルールっていうのが決まってて。

「新しく何かをはじめるときは、すぐにはお金にならないこともある。そんなときは、創業最初の1年間だけ貧乏に耐えてね。1年の間に絶対に俺、普通の生活レベルに戻すからさ」みたいな約束をしてて。

実際、今までに2、3回クリアしてきたから、さやかは信頼してくれていると思うよ。

まぁ、俺自身も、常に「未来の自分」を信頼しているしね。

まぁ、そんな感じの話を、常に家族会議でちゃんとしてるから、今まで、仕事の好不調もあったし、大きな事故や病気もあったし、それはそれで、いろいろあったけど、いつも楽しくやってきたし、逆にいろいろあった方が、家族って面白くね？って思ってる感じかな。

だから、妻も子どもたちも含めて、家族全体の基本設定が、サバイバルＯＫな設定なんだよね。

極端な話、いつ俺が大失敗こいて、家も車も仕事も全部失って、一文無しの家族４人だけになったとしても、全然イケイケな感じ。

「やべぇ。どうしよっか？　また、ここから、どんな風に生きていこうか？」とか話しながらも、ちょっとワクワクっていうか。

「インドでも住んじゃう？　それとも、サハラ砂漠でラクダ使いになっちゃう？　モーリシャスの島で漁師とかもよくない？　まぁ、どこで何するにしても、父ちゃん、なんとかするから、みんなでサバイバルしながら楽しんでいこうぜ」とか言いながら、なんかニヤニヤしてそうなんだよね。

わかりやす言えば、そういう空気かな、ずっと。

★ ★ ★

でた〜。あゆむ節！（笑）
僕も、子ども生まれる前から、あゆむとさやかを見てきたけど、ホント、あゆむのところは、ずっとそんな感じだよね。

少し昔の話になるけど。

うちは、僕が子どもの頃、小学校6年のときに、倒産しかけたわけよ。

ビジネスをしくじった……というか、騙されちゃったんだよね。

おふくろが、「お餅買ったら、家にお金1円もないのよ〜」ってけっこう明るく語ってて。「ハハハハ」って笑ってたんだけど。「うちの家は普通の家とは違うから、弟と妹にあなたの口から伝えなさい」って言われて。

弟と妹に「うちの家はスッテンテンだから。友達が欲しいと言っているものをおまえらは『欲しい』とか言ったらダメよ」って伝えて。

普通、暗くなるじゃん？　**でも、次の日から、なんかカッコ良くなっちゃって。「俺んち、特別だから」みたいな。**


そこからすごい勢いで挽回していく、親父とおふくろの背中を見たわけ。

力仕事が多いから、肩が凝って、歯茎まで腫れるぐらい親父は頑張っていて。

「あんまり無理しなくていいよ」って言ったけど、「おまえら3人を食べさせようと思ったら、これぐらい働かんと食べさせていくことできんやろ！」って。


だから、頑張るっていうのが、そこ設定なんだよね。

それぐらいやってはじめて親父とトントン。それを超えてはじめて「俺ってスゲェ」って思えるので。

親父とおふくろが頑張っていた、あの背中を見たことで、ひとつのものさしをもらった。

「頑張るっていうのは、これくらい頑張ることを言うのよ」って。

その基準をもらえたことで、車で言うと、エンジンの大きさを上げてもらえた。
「こんなに大きいエンジンを積んでいいの？」っていうくらいの。
だから、すごくいい教育を受けたんだと思うんだよね。
それを一回経験したことがあるっていうのは、神様からのすごいプレゼントだよね。

常識

WORK & MONEY
2
仕事・お金について

★★★

やりたい仕事を探すときは、リアルに、自分ができそうなことを見つけないと。

まずバカ

自分にできるか、できないかはさておき。
なんでもできるとしたら、
何をやりたいか？
まず、そういう視点から、すべてを考え
はじめる。

俺の場合、金になるかならないかではなく、とにかく、やりたいことを一生懸命やってるだけ。

たとえば、本だって、「このぐらいは売りたいな」とか、そんなことはいろいろあるよ。

だけど、「売るために、本心を曲げて、妥協する」っていうのはないわけよ、正直。

要は、すごいものを作りたい。

そのとき、「作りたいな！」と思うものを、マックスで作っている。

結果として、それが、めちゃめちゃ売れて、何千万円とか生み出すときもあれば、「どっちかっていうと、マイナスじゃね？」みたいなときもあるし。

すべての作品を、同じパワーで、超気合い入れて作ってるのに、結果はバラバラ。

それが、悩みどころなのよ〜（笑）。

でも、本に限らず、とにかく、昔っから、**「やりたいことをやる」っていうのは大前提。**

「これが、こういう風にお金になるよね」っていうことを意識して、やりたいことを考えるっていうのは一切ないんだよね。

「何をやるか」っていうことを考えるときに、最初に、お金っていう要素は入れていない。

「なんでもできるとしたら、何したい？」「ドラゴンボールが7つ揃ったら、何したい？」

俺は、そういうことをずーっと聞いているかな、自分に。

「なんでもできるとしたら、何しよっかなぁ……」って感じで世の中を見ている。

だって、**「自分の心の声」ってさ、いつも聞いてないとさ、だんだん、聞こえなくなっていくでしょ？**

俺、嫌なんだよね、自分の心の声が聞こえなくなっちゃうのはさ。

ワクワクして、脳みそがスパーク！　したら、まず、「これ、やりたい！　やる！」と決めちゃう。

「何があっても、やりきるぞ」と、覚悟を決めちゃう。

その後で、必要なお金をどうやって集めるか？ 稼いでいくか？ を必死に考える。

いつも、**ハートで決めてから、アタマで考えるっていう順番**っていう順番。

ハートが先。アタマが後。 かな。


自分の根っこ、自分のド真ん中から、嘘がなく、まっすぐ、「うわぁー！ これ、やりたい！」っていう想いが溢れているときは、それに従って動けば、絶対にうまくいく。

それは、今までの経験上、もう、確信があって。


だから、俺はいつも、自分の心に注目しているかな。

自分の心が、「それ、やろうぜ！ そっちだよ！」って叫んでいるときは、すぐに結果が出なくても、目先にヤバいことが起きていても、「大丈夫だろうな」っていう感じがあるよね。

WORK & MONEY

2 仕事・お金

について

★ ★ ★

子どものときは、みんな、面白いことしかやってないわけよ。

それがさ、「社会に出る」っていうことで、なんか、「しないといけないこと」を与えられて、**もう、「やらないといけないこと」だらけになって。**

「あれ？　自分って何やりたかったんだっけ？」と、忘れちゃってる人とか、その脳が退化しちゃってる人、多いかもしれないなぁ～って、思うわけ。

「やらないといけないエリア」に占領されて。

で、それを全部剥いでみると、「やりたいことしかやらないアナタ」だったんだよね？

っていうか、それしかなかったわけよ、子どものときは。

そういう意味で言うと、「自分は、労働人サイボーグに作り上げられた可能性があるぞー」というのを、一回考えてみるといいかもね。

「やりたいことをやる」っていうのは、標準アプリだよね？
生まれたときから入ってるアプリなんだけど、それを起動させるのを忘れてる可能性があるかもよーって。

あゆむが言っているのもそうだけど、お金はどうでもいいってことじゃなくて、やりたいことを、ガーッってやっていけば、お金とクロスするところが生まれてくるっていうことだよね。

たとえば、「海が大好き。でも海の近くで生活するためには、仕事をしなくちゃいけない……」っていう初期設定よりも、**「海で楽しんでるだけで、働かずに食える方法はなぁに？　何か探してみよう！」**っていう方がいいよね。

今、僕ね、「2分の1の仕事量で、倍の結果が出る方法はなぁに？」ってやってるわけ。

今、スケジュールをパンパンに入れてるので、ちょっと余白を作んないと、エネルギーやアイデアが枯渇するぞーと思ってるので。

「2分の1の仕事量で、倍の結果が出る」っていう初期設定にすると、今度は、それに対するアイデアが降りてくるのね。

だから、「働かずして、海で楽しく暮らす」っていう設定にして、「えー？　そんなのある？」って言いながら、いろいろ探っていくと、「これあるんじゃない？　あれあるんじゃない？」って、きっと、いろいろ出てくるので。

とりあえず、一回、ワガママな初期設定をしてみる。

そうすると、それに付随していろいろ出てきて、「おぉ、なにげに、そっちに近づいてきたぞー」みたいなことになってくると思うので。

それで、また、ワガママな前提を作り上げて、さらに、そっちへ近づいていく、みたいな。

あとさ、最近思うんだけど、**まだ、自分のやりたいことがつかめないときは、やりたいことをやってる人のサポートに入るといいと思うのよ。**

たとえば、夢がある人っているじゃない？　「武道館ライブまで、路上からいくんだーー！」みたいな人がいたら、その人のサポートをしたり。

「今、このことを一生懸命やりたいんだ〜」っていう人に、「私ちょっと、エネルギーと時間が余ってるんで、サポートしましょうか？」ってやってると、やっぱり、夢は伝染するから。

「あ、わたしやりたいこと見つかっちゃった！」みたいなのが出てくると思うので。

パッと思い浮かばなければ、まずは、あゆむのサポートをしたらいいいんじゃない？

あゆむみたいに、ツノがある人のまわりって、ツノがある人ばっかりだからさ。

逆に、チームメイトとして、ツノがない人を探してるんだよね。

だから、サポートしてあげるといいと思う。

そうすると、自然に、あゆむの空気が伝染《うつ》るよ。

応援団っていうことが、やりたい人もいるしね。

「夢はないんだけど、夢がある人をサポートするのが私の喜びです！」っていう人も、たくさんいると思うので。

一回、そこにハマってみるのもいいかもしれないよね。

常識

WORK & MONEY 3

仕事・お金について

★★★

何かをはじめるときは、勝算が見えるまで、多くを語らない。
うまくいく目処がついてから、みんなに発表する。

まず
バカ

素敵なイメージがわいてきたら、すぐに
語りまくって、どんどん巻き込んでいこう。
仲間も、お金も、アイデアも。

あゆむはね、何か思いついたら、すぐ語りはじめる。
「すっごいすよ、拓巳さん。聞いてください！　こうで、ああで、こうで、ああで……」って語るわけ。
それも、ちゃんとデザイナーを入れて、あゆむの頭にあって語り尽くしたものが、**語って語って語って語って。次に会うときには、必ず絵になってるの。**
今度は**誰が見てもわかる絵になっている。**

「これが、この前話していた、ツリーハウスなんです。ここに川が流れててね」みたいな感じで絵になっていて、今度は、もっとたくさんの想像力のない人も巻き込めるツールになってるわけ。それで、またガーッって人が集まってきて。で、実際にいくと、「ああ、あの絵のここの部分ができ上がってるんだ」ってなる。

今だったら、WORLD PEACEだよね。
「世の中を平和にしようぜー」っていうのを語って語って語ってきたのが、今は、絵になりかけてんだよね？

WORK & MONEY
3
仕事・お金について

★ ★ ★

うん、もうすぐ、できあがるよ。

世界平和を実現させるための、ひとつの俺なりの提案。

もし、世界中の子どもたちが友達になったら……？

っていう世界を描いた、南の島からはじまる、楽しい革命の物語。

世界中の子どもたちが、みんな友達になって、互いに成長しながら、素晴らしい地球を創りあげていくまでの一部始終を、絵本にしてみたんだ。

俺が文章を書いて、仲間である世界最高峰のグラフィティアーティストのDRAGON76が、すべての絵を描いてくれて。

今、俺が暮らしているハワイの島々からはじまる物語なので、『ALOHA LETTER』っていうタイトルでさ。

★
★
★

いつもそうだけど、俺は、何かを実現しようとするとき、まず現時点から、目指すゴールに至るまでの架空の物語を、最初に描いちゃう。

なんか、「僕らの未来日記！」みたいな感じで。


「今、こうだけど、ここから、こんなことが起きて、こんなことが起きて、こんなになって、最後こうなるんだよ♪　ヤバくない？」みたいな。

ある意味で、それが、言い出しっぺであり、リーダーのメインの役割だと思ってて。

その後の、具体的な計画、進行管理的なパートは、それが得意な仲間と一緒にやっていけばいいけど、みんながワクワクして、一緒にやろう！って思ってくれるようなビジョンやストーリーを描くのは、俺の役割だよね。

★★★

「みんながポカーンとしちゃうようなゴールが描ける」っていうところが、あゆむのすごいところだと思うんだけど。

僕の場合は、そこそこ実現できそうなゴールを描いちゃうんだよね。だから、人生が抜本的に変わるようなことがなくて。良い方に進んでいくだけなの。それは、なぜかというと、「できそうな範囲」でやるから。

「これ、どうやってやるんだよ」って言われたときに、「こういう風にやってですね〜」って、説明できるよ、みたいな。おとぎ話がない世界ね。


でも、あゆむの場合は、「こうなったらヤバくね?!」みたいな。

ドーンって、想像すらできない絵を描けるっていうところが特徴ね。

そこに、もう、あゆむなりのおとぎ話が入りはじめるわけ。

これは、計画じゃない。さっき言ってるようにストーリーなんだよね。


でもね。

そうやって絵を描いて、アンテナを立てて動いていると、ドンッと、「じゃあ、バックアップしましょう」っていう、すごい人が出てくるんだよね。

えっー! そのクラスの人たちと出会ってくるか!っていう感じで。

「あそこに光の柱が立ってますよー」「何か光ってんなー」って気づいて、すごい人たちが集まってくるの。

それで、最初はおとぎ話だったものが、だんだん、現実的な話になってくるんだよね。

あゆむにとっては、最初に描いたビジョンっていうのは、たぶん、実現する方法すらわからない、おとぎ話だったと思うんだけど。

いろいろな人と出会いながら、おとぎ話がストーリー化されていって、そして、あたかもちゃんと計画されていたかのように実現する。

きっと、協力者が出てくる大きなポイントは、「**仕事＝冒険**」なんだよね。

「**仕事＝金儲け**」じゃないところだと思うんだよね。

あゆむを見ていると、いつも、そんな気がする。

WORK & MONEY

3

仕事・お金

について

★ ★ ★

常識

WORK & MONEY
4
仕事・お金
について
★★★

お金に関する話は、シビアなのでなるべく避けたい。

まず
バカ

お金のことも、明るく話そう。
お金に対してのイメージが明るくないと、
お金は集まってこない。

成功している人は、やっぱり、お金に対してのイメージが明るいよね。

お金がキレイ。お金を汚いものだと思っていない。

お金が稼げない人って、お金が汚いと思っていると思うの。もらうことが、卑しいと思っている。

たとえば僕は、「千円で有料メールマガジンやりなよ」って言われたら、「千円でこんな情報もらえるんだったらうれしいな、と思えるようなものをやろう」って考えるのね。

だけど、お金に対して、恐れとか汚れを感じている人は、「千円ももらっていいんですか？」という思いにフォーカスがいく。

サッカーやってる連中にも、「セカンドキャリアでサッカー教えたりしたらいいじゃん。近所の子ども集めて」って言うと、「お金もらっていいんですかね？」って言うわけ。

違うんだよ。

お金は必要なんだから、もらう。

そのうえで、「そのお金を超える何が伝えられるか」を考えないと。

だって、**それが素晴らしかったらさ、絶対にいっぱい集まるもんね。それが弱かったら誰もこないもんね。**

お金って、そういうものじゃないかなぁって思うけどね。

★★★

俺は、お金に対して、拓巳さんほど、振り切れてないなぁ。
あんまり、考えてない感じかな？　ネガティブでもないしポジティブでもないし、そこは、いい意味で、俺と拓巳さんで、ちょっとノリが違うところだね。
俺はたぶん、お金について、深く考えないようにしているのかも。
でも、もちろん、**「自分がやりたくて、みんなも喜んでくれることをやっていれば、まぁ、楽しく暮らせる分ぐらいは稼げるでしょ」**っていうのはあるね。

お金のことも含めてさ、やっぱ、**「大きな人間になりたい！」「自分を成長させたい！」って思うよね。**

だってさ、**人間としての器みたいなものがデカくなればなるほど、「人と出会いたい」と思えば、人が現れるし、「お金を稼ぎたい」と思えば、お金が入ってくるじゃん。**

世の中って、そういうシステムじゃない？（笑）

大きな心の人間になれれば、いつ、無一文になっても、路上で浮浪者になっても大丈夫！

また、そこから何かをはじめれば、余裕で素敵なことが起こって、金も人も集まってくるでしょ！って思うけどな。

★ ★ ★

あゆむは、クレジット（信頼）が貯まっているからね。

いろんな人を、すごいサポートしてきたから。

だから、それをキャッシュアウトしていったら、何年でも生きられるよ。


僕はお金をね、「感情を増幅させる道具」だと思っていて。

だから、寂しがり屋の人がお金持ちになると、大寂しがり屋になるわけ。

で、いじわるな人がお金持ちになると、めっちゃいじわるになる（笑）。

で、ハッピーな人がお金持ちになると、超ハッピーになる。

だから、宝クジ当たった人って、けっこう悲惨な人生になってたりするよね。

原チャリしか乗ったことない人が、ハーレー乗っちゃうようなところがあるので。

「はっえ〜！」とか言いながら「曲がりきれなかったー！」みたいなことになる可能性がある。


実は、お金を求めて努力していく過程で、自分の心を鍛えないといけないんだよね。

心のナチュラルポジションが、穏やかでいいものになっていかないと稼げないいし、そして、その心の状態が、稼いだときに増幅されるので、「善い心」になっておくことが大切だろうなって思う。

ナチュラルポジションの心の状態が、いつも寂しい人や、自分を常に責めてる人、良からぬ思いを持ってる人は、お金が入ると、さらにそれが増幅していくので。

だから、技量に関係なく儲かっちゃったときって、危険だよね。

金によって、心の状態が変わるんじゃなくて、心が先ってことだよね。

★★★

そう、心が先。すごく大切なことだね。
特に今、時代の方向は、「貢献」に向かっていると思うので。

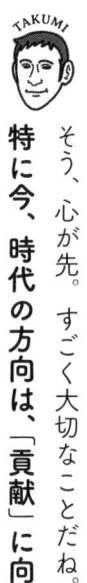

それ、「GIVE教育」って呼んでんの。「先に与えなさい」っていう。
「義務教育」じゃなくて、「ギブ教育」。

「ギブしていく」っていうことを覚えると、グーッと返ってくるじゃない？
だけど、お金を汚いと思っている人って、「取るもんだ」と思ってるのね。
お金は取ったら、絶対取られるから。

お金はギブして、返ってくるもの。
なので、先に与えることが大切だなーって思うな。

AWESOME
MAZU☆BAKA

まず、バカになろう

第3章

人間関係
について

★ ★ ★

RELATIONSHIP

まず バカ

常識

常識

RELATIONSHIP

1

人間関係

について

★ ★ ★

人と話すのが苦手なので。もっと、話術を磨かないと。

話すのが上手下手は、テクニックの差
じゃない。
どこまで、ぶっちゃけるか。
自分の心の根っこの部分を伝えるか。
そこが、最大のポイント。

友達から「アンガーマネンジメント」っていうのを教えてもらったのね。怒りをどうやってコントロールするか、怒りにどうやって向き合うかってことなんだけど。

たとえば、「今度の日曜日、映画いこうぜ」って彼女を誘ったら、「えっ、ちょっと待ってください。その日ちょっと……」ってなって。

「じゃ、俺はなんとかできると思うから、仕事の予定を動かしてみるね。じゃ、映画は明日いこう！」って約束したのに、「ごめーん、明日いけなくなったんだ」となったとする。

「え？　どういうこと？　俺は仕事を動かしたんですよ？」ってなるじゃない？

で、カチーンとくるわけよね、「どういうこと？」みたいな。

「俺だっていろいろあるんだぞ」って怒りが上に乗ってくるの。

「アンガーマネンジメント」では、その怒りは二次感情ということなんだよね。

その怒りがくる前の一次感情があって、それからの二次感情だと。

まず、一次感情はなんなのか。それを考えてみましょう、と。

なんで、えー？ってなったかと言うと、「映画にいきたかった」わけじゃなくて、「ひさしぶりに会えるから、めっちゃ楽しみにしてたんだけど……残念」っていうのが、一次感情だよね。


その一次感情を、しっかり自分が知ること。そして、相手に伝えることができると、怒りが爆発することはないんだよね。


「俺だっていろいろあるんだぞ。バカにしてない？」って、二次感情で怒りだすんじゃなくて。

まずは、「ひさしぶりに会えるから、めっちゃ楽しみにしてたんだけど……残念だよ」っていう一次感情を伝える。

そうすると、彼女も、「私こそ、ゴメンね」ってなって、ケンカというよりは、もっといい方向に会話が進んでいく。

これって、なんかわかる！っていう気がしない？

一次感情っていうのは、もう、「愛」しかないいんだよね。

「愛」をベースに出てきている感情。

「あ、こういう思いがあるから、この感情になったのか」っていうのを、自分が知るようになりはじめたら、人生が変わるような気がして。

かつ、これを相手に伝えられるようになると、「愛の具現」になってくるので。

要は、「I LOVE YOU」なんだよね、これ。

言葉は変わってるけど、「I LOVE YOU」しか出てこないのね。

だから、「これは、人と人が、平和になるぞ」って！

「人間関係をうまくする」っていうのは、ひとつのテクニックみたいな世界観があるけど、**実は、一次感情で話せば、テクニックは要らないんだよね。**

その人の存在の大きさ、小ささが関係なくなって、**えらい人もただのひとりで、普通の人もただのひとり、**みたいな。

扉が開くのよね。

会話で、ネゴシエート（交渉・取引）したり、コントロールしようとしたりしているんだけど、一次感情っていうのは、「開けゴマ」なので。

コミュニケーションのクオリティが、もう全然違うなぁ、と思うね。

★★★

それ、面白いね。

彼女にしたって、いろいろ都合があったわけだしね。

彼氏に、「ふざけんなよ」ってキレられたら、「でも、私にも都合があって……」って、バトルモードになっちゃうけど、「会いたかったのに、残念だな」って言われれば、「私も会いたかったわ」ってなって、ラブラブモード突入！　だよね（笑）。

確かに、ケンカするより、１００倍ラブラブだね。

その自分の中にある一次感情みたいなものを、なるべく相手に伝えるために、口癖が大事なのかなって、今思った。

俺も、**「ぶっちゃけて言えばさ」**とか**「本音を言えばさ」**とか**「根っこのところで思うのは」**って、口癖のように言うもんね。

たぶん、その口癖があるから、**早く仲良くなれていたり、相手がオープンになってくれたりすることに繋がっている**のかもしれない。

でも、それは俺、テクニカルに考えてやっていることではないけどね。

あとさ、拓巳さんって、ホント、よく、人に質問するよね。

50歳超えたおっさんなのに、キラッキラの少女のような瞳でさ。

★★★

少女？それ、言い過ぎ！性別違うし！（笑）
でもさ、僕が人に関心を持って、質問をしたりするのは、繋がりたいから

だろうね。

いつも、本当にその人の話の中から、面白い話が出てくるし、それを引きずり出すのが得意だと思うの。「めっちゃ面白いな、おまえ！」って。

それが、僕が人と繋がるっていう感覚かな。

★★★

俺が大好きな作家、灰谷健次郎※さんの言葉で、**「人を愛するということは知らない人生を知ることである」**っていうのがあって。
俺も、最初は意味がわからなかったんだけど、きっと、今みたいなことなんだろうなぁと思う。
「その人に関心を持って、いろいろ聞いて、その人のことがわかっていく」ということが、結局、「その人を愛する」ということに繋がっていくよね。
たしかに、その人の話をいろいろ聞けば、喜ぶことや嫌がることもわかってくるし、その人のいいところをいっぱい知れば、さらに、その人への愛も深まるもんね。自分と重ねられる部分っていうか、共感したり、共有できる部分も、見えてきたりするだろうし。比較的、俺も自分が話したい人だから、あんまり他人に質問しないタイプなんだけど、**さやか（妻）や子どもたちのことをもっともっと深く愛したいな、って思うから、いつも、それぞれの話を聞くようにしているかもしれない。**

だって、ただ、「愛したい！」とか思ってもさ、その人のことを知らなければ、何していいか、わかんなくね？

プレゼントをあげるとか、優しくするとか言われても、具体的に何していいか、わけわかんないじゃん。「結局、愛するっていうことは、その人を知っていくことなんだ」っていうのは、わかりやすかったな。

★
★
★

RELATIONSHIP 1
人間関係について

★ ★ ★

それ、すごいね。
「愛するとは、その人を知ろうとすること」っていうのは、ホントに深いね。

あと、面白いのがさ、**「愛の反対は無関心だ」**って、マザーテレサが言っていて。

僕は、その言葉に、すっごく救われたんだよね。
20、21歳の若い頃、「タクは、いつもいつも、自分が成功したいがゆえに、仲間をおまえの道具だと思ってんじゃねぇか？」ってよくリーダーから叱られてたの。
「そんなことないよ！　だって、あいつらは寝てるけど、僕は寝ないで、あいつら手伝ってんだぜ」って言うんだけど、「それは、おまえが成功したいから寝ずにやってるだけだ」って。

まぁ、そうなんだけど。「結果的に、みんな得してんじゃないすか」って言うと、「そこじゃ、割り切れないんだって。タクには愛を感じない」って、すごい怒られてたわけ。

それで、マザーテレサ。「愛の反対は無関心」。

ハッ！　……ってことは、**「無関心の反対は愛なの？」**って気づいて。

「だったらすぐできる！」って僕は変わりはじめた。

それまでは、「俺は俺は俺は俺は……だから、ついてきたら大丈夫だよ」ってやってたわけ。大宣伝してたわけ。「山﨑拓巳、大安売り！　みなさん、どうぞついてきてください」って。

それが、**「無関心の反対が愛だったら、その人に関心を持ったらいいんでしょ？」**って、わかって。

「名前、どうやって漢字で書くの？　由来とかある？」「どこ出身？　今、どこで暮らしているの？」「お父さんやお母さんは、なんの仕事やってんの？」っていうところからはじめて、どんどん深いところを質問していって、たった30分で、下手すると、その人をつれてきた親友より、僕の方がその人のことをよく知っていくわけ。

「へーへーへー、なるほど、なるほど」ってなってくると、ガツーン！　と人間関係ができ上がってくる。
それは、誰でも使えて、すぐに実行できて、人と仲良くなれる方法かなって僕は思う。

※灰谷健次郎
小説家・児童文学作家。代表作に『兎の眼』『太陽の子』『ひとりぼっちの動物園』などがある。「人を愛するということは知らない人生を知るということだ」という言葉は、『ひとりぼっちの動物園』（あかね文庫）より。

常識

RELATIONSHIP

2

人間関係について

★ ★ ★

人間関係で、心の中がモヤモヤするのはしょうがない。
上手に気分転換しながら、気分よくすごそう。

まずバカ

人間関係ネタは、放置しても悪化するのみ。
心がモヤモヤした瞬間に、最速で向き合って、すぐに消火しよう。

あゆむは、絶対誰にも見せないっていう大前提のメモを開いて、そこにいつも何かを書いているよね？

★ ★ ★

そうそう。そういうのがノートパソコン上にあるわけ。「A'sメモ」っていうファイルね。それはもうブロックもかけてるし、絶対に人に見られない。

もしかして誰かに見られるかも？　と思ったらイイコト書いちゃう、俺（笑）。

うまくまとめたりして、最後にオチとか作っちゃったりして。

だけど、**「絶対に見られない設定」でいくと、もう自分との会話なんだよね。**

毎日の生活の中でさ、心の中が、モヤッとすることない？　イラッとしたり、モヤッとしたり、モワッとしたり。それ、俺、そのままにしておくのが嫌なの。みんな嫌だと思うけど。

だから、心の中にモヤッとしたものが出てきたら、すぐに、カフェとかいって、そのメモを開いて、「あれ、なんかムカつくな。なんだこれ?」「なんかスッキリしないな。なんでだろ?」とか書いて。いろいろ自分と会話した結果、「うん、やっぱ、あいつとこの話をするしかないな。嫌だけど、やるのみ。以上。明日ね」とか、「これ、アイツに連絡してこの話をして、好きにさせるしかねーな、以上。よし、GO」とか書く。

「よし、GO」とか、「あースッキリ、バッチリ。爽やか」とか、「オッケー。あとはやるだけ」とか、そういう感じのスッキリした気持ちになるまで自分と会話してるね。

とにかく、心の中に、モヤモヤを残したくなくて。
モヤッとしたものが出てきた瞬間に、なるべく早く処理したい。
だから20分単位とかで、ちょこちょこちょこちょこ、やってたりするよ。
「お家に帰ってゆっくり」っていうより、出てきたらすぐ処理して。もう習慣だよね。

★ ★ ★

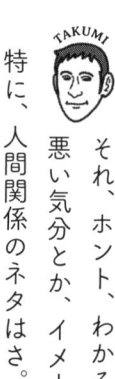

それ、ホント、わかる。

悪い気分とか、イメージって、放っておくと、どんどん増長していくもんね。

特に、人間関係のネタはさ。

最初は、ちょっとしたことだったのに、面倒だなって逃避しちゃって、しばらく放置していたら、あれ？　大火事になってますけど！って、あるある。

まさに、「放置禁止！」だよね。

★
★
★

あとさ、このノートの話で言えばさ、モヤモヤを整理するだけじゃないの。
たまに、「じゃあ、今日は未来のことについて！」とかって、自分の人生80年物語の脚本っていうかストーリーを書いたりもする。
「まず、決まってんのは～」とか書いてさ。
俺、さやかと、50歳になったら、子育て終了記念で世界一周するってもう決まってるから。「そこら辺までは、まずこんな感じで頑張っていくぞ」みたいな。「こんな風になってくのかな～」とかさ、「こんなことアリかな～」とか、「ああ、ワクワクしてくるな～」って書いてるわけよ。

それから、さやかに話して。「こんなこと思いついたんだけど、どう？」って、また盛り上がったら、メモに戻ってきて……みたいなことを、しょっちゅうやってるんだよね。

まぁ、日記でもなんでもいいんだけど。

絶対に他人に見られないっていう前提で、自分と会話したり、ひとりで妄想するノート。

これ、マジでオススメだな。

俺は、このノートがなかったら、ホント、いつも、頭の中グチャグチャ星人で、ダメダメな感じになっていたと思うもん。

常識

RELATIONSHIP 3

人間関係について

★★★

一緒に夢を追う仲間を集めるためには、まず、安心して働ける環境を用意しなければ。

まず
バカ

仲間を集めるために必要なのは、人生を賭けるに値する強烈な夢やビジョン。理想の環境は、みんなで創っていけばいい。

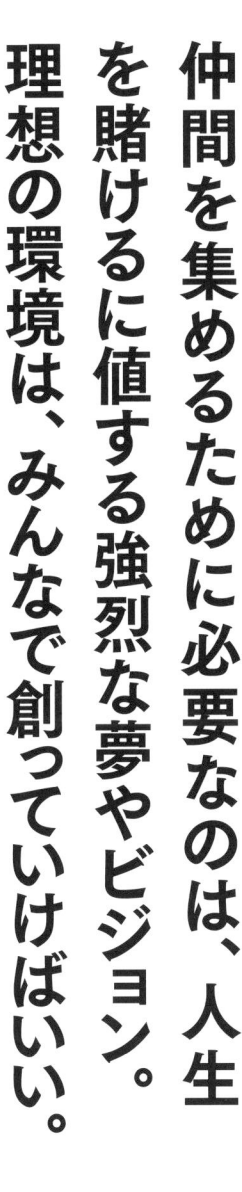

俺にとって、仲間の集め方は、すごく単純で。

何かをはじめるときっていうのは、金もなけりゃ、実績もないわけで。

だから、「働きやすさ」とか、そういうことを売りにして募集できる次元じゃないでしょ。

心はバラ色だけど、世間的には、ぶっちぎりのブラック企業。もろ真っ黒（笑）。


だから、魅力になるのは、もう単純に、夢やビジョンだけじゃない？


俺は、もう、完全に一本絞りしてるよ。

想いや目指すビジョンを、一生懸命に語って。伝えて。共有して。

必要なら、目で見てわかる絵やイメージ写真を作ってね。

「こんなことやったら、面白くない？ ヤバくない？」って。

本当に、ワンピースのルフィと同じだよ。

「俺は、海賊王になる！ 一緒にいこうぜ！」みたいな感じで。

「で、おまえ、泳げねぇんじゃねぇの？」

「まぁ、そういうのあんだけど……だから、よろしく頼む！」みたいな（笑）。

「ひとりでもやるけどね」という覚悟のもと、どれだけ自分がワクワクしているのかを伝えまくる。

仲間を集める場合、俺は、そこに力を使っているかな。

★★★

「あのー、拓巳さん。こんなことやるんですよ。一緒にやりませんか？　金出してくださいよ。**担保は俺の命で！**」ってくるわけ（笑）。

「断りにきぃー！　……わかった！　俺もやる！」って、いつもなる（笑）。

★★★

だって、「数字でちゃんと説得しよう」っていうのは、やっぱり無理じゃん。
いくら、俺が数字をうまく作ったところで、自分より経験あるビジネスマンから見れば、ツッコミどころ満載だと思うんだよ。
だから、そういう説得には、絶対にゴールがない気がしていて。

「これを目指している」っていうのは、自分に嘘がないことだから。


そのワクワクを爆発させて、伝えまくるしかないでしょ。

相手の気持ちも考えながら、「これ、伝わるかな?」「どう言えば、この人の胸に響くかな?」とか、いろいろ想像しながらさ。

俺の頭の中にあることが、なるべくストレートに伝わるように、必要ならば、伝えるツールとして、絵や映像にするのも、頑張ったりしながらさ。


いたるところで、広く、深く。

こんなこと、はじめます！ 仲間募集中！って、叫びまくってるね。

タイミングはいろいろあるけど、いい人は、絶対に現れるし。

新しい出会いに、超ワクワクしながらね。

★ ★ ★

RELATIONSHIP 3 人間関係について

★ ★ ★

そうだよな。やっぱり、そこか。
まず、いい仲間が現れるって信じて、魅力的な言葉で伝えまくる。
それだね。

ちょうど、最近、某大手会社で、採用の仕事で10年近く1位を取ってきたっていう女性から聞いた話があって。

人材を欲しがっている企業の社長さんからヒアリングして、募集広告を作って、いつも、希望どおりの人を、スパーン！って、引っ張ってくるんだって。

「そんな広告だけで、その人を特定できるんですか？」って聞いたら、「できる」って言うわけ。

つまり、まず、**すごい愛を持って、ヒアリングをしているん**だと思うのね。

すっごい愛を持って、社長さんの話を聞いて、必要な人をイメージしたうえで、

「こういう人は、絶対に、こういう文章に心を打たれるはずだ」っていう文章をラ
イティングして、バーンって引いてくる。

それを聞いて、僕は、**自分が欲しい人材を、言語化しないとダメだ**と思ったの。

要は、まず、**「そういう人が現れるんだ」って信じること。**

どっかで僕は、それを信じてなくて。

「そんな人、いないんじゃないかな」とかいう気持ちがあったから。

でも、探している人は、必ずどこかにいて。

言語化していないから、その人が僕を見つけられないんだよね。

「こんなお友達、募集中！」「こんなお友達が、わたしは欲しいんだ」っていうのを、
魅力的に言語化して、どんどん打ち出すべきなんだよね。

たとえば仕事だったら、「ここを目指しているので、こんな人材が欲しいんだ」って

いうのを、受け手の気持ちも想像しながら、魅力的に、具体的に、打ち出すべきよね。

そうすると、「はいー!」って現れてくる時代だと思うね。

特にSNSがあるから、AさんとBさんが出会うまでに、昔みたいに時間がかかんないもんね。

常識

RELATIONSHIP 4

人間関係について

★ ★ ★

こんな時代だから、もっと上手に情報を収集しないと取り残されてしまう。

まずバカ

情報格差は、収集の差ではなく、発信の差。
発信すれば、必要な情報は自然に集まってくるし、出会いもどんどん広がっていく。

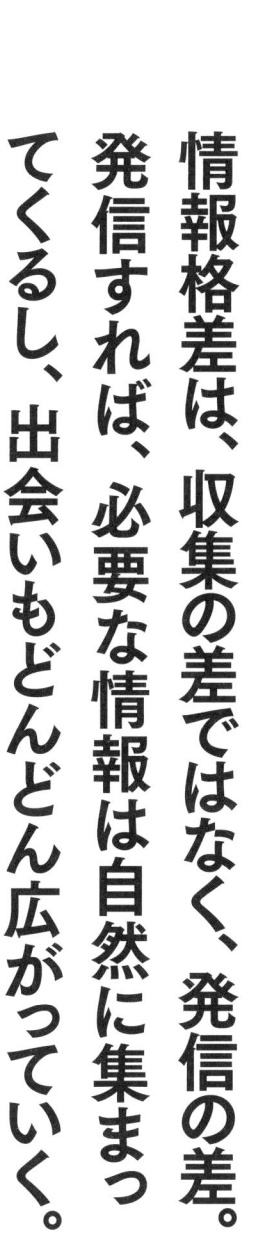

毎日を楽しく生きるっていう意味で言うとさ。

「最近、こんなこと考えてるんだけど……」って、気軽に話せる相手がいることって、意外とデカいのかな、って。

ひとりで考えていても、なかなか深まっていかないんだけど、そうやって誰かと話してる間に、頭が整理されたり、「自分って、こんなこと思っていたんだ」と気づいたり、記憶の彼方に飛んでいたことを、突然、ふっと思い出したり。

自分の中で盛り上がったり探っていってることを話す場っていうのを、ちょっと飲んだり、お茶でもいいけど、意識的に生活の中で作っていくのは大事だよね。

だから、俺は、日々誰かと酒飲みながら語りまくっているのかな、って思ったり。

★★★

ずーっと探してたもん、そういう会話ができる人を。
中学にいったらいるんじゃないか。高校にいったらいるんじゃないか。大

学にいったらいるんじゃないか。……あれ？ いないじゃないかー！って（笑）。

社会人になって、はじめて出会ったんだけど。

そこで作り出せるものは、「1＋1＝2」どころじゃなくなって、どんどん大きくなっていく。


だから、発信した方がいいよって思う。発信するとね、「あ〜！ そういうの書くってことは、こういうの大好物でしょ？」っていう人が現れてくるのよ。


はじめは、情報社会っていうのは、情報の獲得量で格差が生まれると思ってたんだよね。

情報の多い人、少ない人、まぁ、実際、それはあるんだけど。

これだけスマホがほぼ全員にゆき渡ってるような状態になったときに、**発信側と受信側の格差になっている**と思う。

大切なのは、「発信すること」だと思うんです。

これだけ、誰もが遠くの情報を取れるようになっているんで。

自分が発信したときに、それを受け取れる人が、近くではなく、遠くにいるのかもしれない。

自分が会いたい人は、こうやって、口で喋っている範囲じゃないところにいる可能性があるわけだから、ブログに書いたり、インスタでメッセージを送り続けたり、そういうやり方をやっていると、ピーン！　とくる人が出てきて、「そこにいたか！」ってなる可能性がある。

昔はさ、「近所の人と生きる」っていう時代だったけど、今は、地球の裏側の人とインタラクティブに話せるわけじゃないですか。

だから、**発信をちゃんとして、「ここにいますよ」っていうのを見せないと。**

近くにいる人の意見だけで、判断しないほうがいい。

あと、さらに、言うとさ。

僕は、やっぱり、「**学びフェチ**」「**伝えフェチ**」**なのよ。**

本を読んだり、ネットを見たり、人の話を聞いたり、いろいろしながら、自分なりに学んで、「わかった！」っていうときのあの脳の中の分泌物が好き。

で、それをみんなに共有したい。

「みんなも早く分泌しなさい」って。

★ ★ ★

うん。拓巳さんの場合、いつも、知りたい！　だけじゃなくて、共有したい！　まで入ってるよね。

自分だけが気づけばOK、じゃなくてさ。

拓巳さんは、よく、「僕は自分が一番好き」「I LOVE ME」とか言うけどさ。

自分ひとりが、どんどん新しいことに気づけばいいっていうのと違う感じがして。

結局、**自分が学んで、それを人に伝えて、その人がそれを活かしてハッピーになる……っていうところまでが、ひとつの円になっているよね。**

★ ★ ★

そうだねー。なんかね、人の人生に、ちょっかい出したいわけよ。

「魔法かけちゃうぞー」みたいな。

でも、**依存されるのは苦手なの。**

その人が自分の力で歩いてって欲しいんだけど、そこへ魔法をかけたくなる。

ずーっとだけど、今も、いろいろ、ものすごい勢いで学んでんのよ。

自分にやってくる情報を整理整頓して、他人が活かせるようなパッケージにして、共有するっていうのが、大好きすぎて。

なんか、「バコーーーン！」って、熱中し続けているね。

RELATIONSHIP

4

人間関係

について

★ ★ ★

AWESOME
MAZU★BAKA

まず、バカになろう

第4章
旅・世界平和について

まず
バカ

常識

★★★

JOURNEY
&
WORLD PEACE

常識

JOURNEY & WORLD PEACE

1 旅・世界平和について

★ ★ ★

どこで何をやっていても、
きっと、自分自身は変わらない。

人生なんて、一瞬で変わる。
今、信じていることも、感じていることも、
明日は、真逆になっているかもしれない。

はじめてフランスにいったときに、モンマルトルの丘からパリを見て、「**もう二度とこの風景を見ることはないかもしれないから、しっかり見ておかないと」と思っていたパリに、気づいたら僕は住んでいたわけだよね。**

そのギャップが重要なの。

人生って、わかんないもんだな、面白いなって実感する。

★
★
★

ホントさ、人生なんてさ、一瞬で、変わっていくよね。

今、思ってることだってさ、明日、真逆になってるかもしれないしね。

たとえばさ、俺も、今、ハワイ島に暮らしているけど。

若い頃はさ、旅人的に、「ハワイ？ 何それ？ ダサいね」って感じで思ってた。

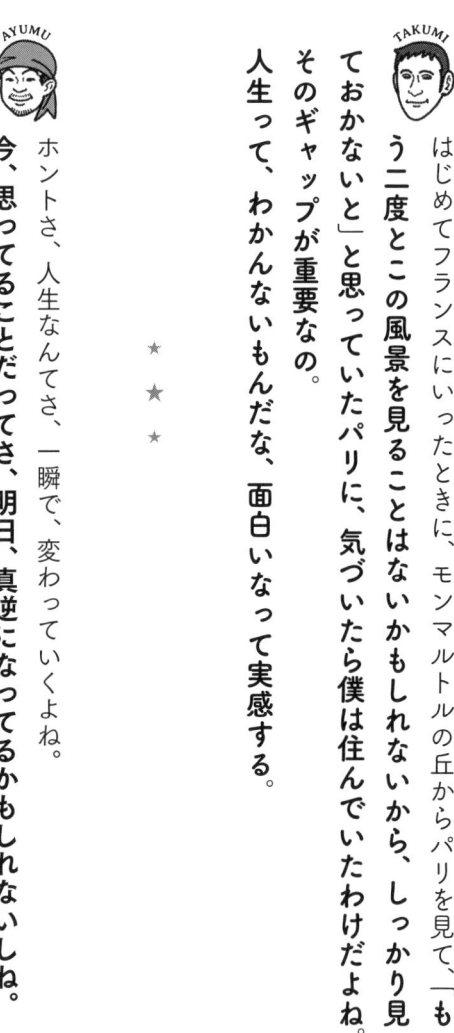

TAKUMI

ハワイ、なかったわけ？

AYUMU

いったこともなかったし、まったく、興味もなかった。
どっちかって言うと、嫌いだったくらい。
でも、妻のさやかと世界一周してるときに、「太平洋周遊パス」っていう航空券のセットを買ったんだよね。安っ！って思って。ロスやオーストラリア、イースター島が入っているセットに、ハワイが入っていたんだ。それで、コース的に「いかなきゃいけない」っていう感じで。
さやかは、ベタに、「ワイキキ～！」みたいなこと言ってたけど、「俺、ハワイはマジでいく気ないから。空港に泊まって、次に飛ぶか」っていう感じだったんだよ、本当に。

超ナメてたっていうか。まぁ、ちょっとロックンロールな感じで生きてたから。

だけど……。もう、初日ね。

夕方ぐらいに、ワイキキ着いて、安いコンドミニアムに荷物を置いて。

夜、ワイキキビーチを、さやかとふたりで、ハーゲンダッツ食べながら裸足で歩いた瞬間に……

「ヤバい！　こりゃ、住むしかない！」と思ったもん。

マジ神、ハワイ！って。

★ ★ ★

相変わらず、わかりやすいねぇ……（笑）。

JOURNEY & WORLD PEACE

1 旅・世界平和 について

★★★

まぁ、これは、ひとつの例に過ぎないけど。

今までの人生も、ワンエイティー！　180度転換！の繰り返しだったしな。

このあとも、きっと、今は予想だにできないことが、きっと溢れているんだろうな、って思うね。

まぁ、そのほうが、生きていて面白いしね。

今、言ってることも、信じていることも、全部ひっくり返るかもしんないし。

そう思うと、なんか、わくわくする。

人生の色が、ガラッと変わるキッカケというか、スイッチのひとつとして。

旅はやっぱり、俺にとってデカいかもな。


あとさ、旅をしていると思うよね。


今、どんな状況だろうが、人生は、ゼロスタートできる。

「知っている人が誰もいない、世界のどこかで暮らしはじめちゃうのもありでしょ」

そんな選択肢を持つだけで、人生の可能性はどこまでも広がるじゃん。

たとえば、1日の生活費が5円くらいで暮らしてるインドのガキとかが、めっちゃ幸せそうだったりするし。

いつ、そこに、自分が並んでもいいわけじゃん、別に。

ホームレスになって、物乞いとかやっても、面白そうじゃない？

物乞いって、なんか、いろいろテクニックとかあるんだって。

悲しそうな顔をしたり、ちょっと辛そうな動きしたり、そうすると、お金がもらえるとか。目を合わせる合わせないとか、雨の次の日がイイとか。

俺、インドのバラナシの路上に、ホームレス師匠がいるから、今度いかない？

ひとりで、ホームレスやるのさみしいから、拓巳さんも一緒にやってほしい！（笑）

まぁ、インドに限らず、**世界中のどこで暮らしはじめたっていい**わけじゃんね、俺たち。

超リアルに考えても、明日からコンビニで夜勤バイトでもして数十万円貯めればさ、物価の安い国なら、すぐに来月から暮らしはじめられるわけだし。

20万円ぐらい持って、フィリピンの島とか引っ越しちゃう？

JOURNEY & WORLD PEACE

1

旅・世界平和について

★ ★ ★

フィリピンには7千個くらい島があるから、どっかに上陸して、地元民に溶け込めば、けっこういい感じで生きていけると思うぜ。

まぁ、たとえ、日本で、本当にヤバいことがあったとしても、人生的に絶望する必要はないよね。

地球は広いし。人生は、いくらでもやり直せるよね。

常識

JOURNEY & WORLD PEACE

2

旅・世界平和

について

★ ★ ★

僕らみたいな一般人が、平和を妄想しても意味がない。
大きなシステムで、すべてはコントロールされているんだ。

大きなシステムを壊すのは、小さなファンタジー。

たったひとりからはじまる妄想も、広がっていけば、システムもテクノロジーも、すべてが変わっていく。

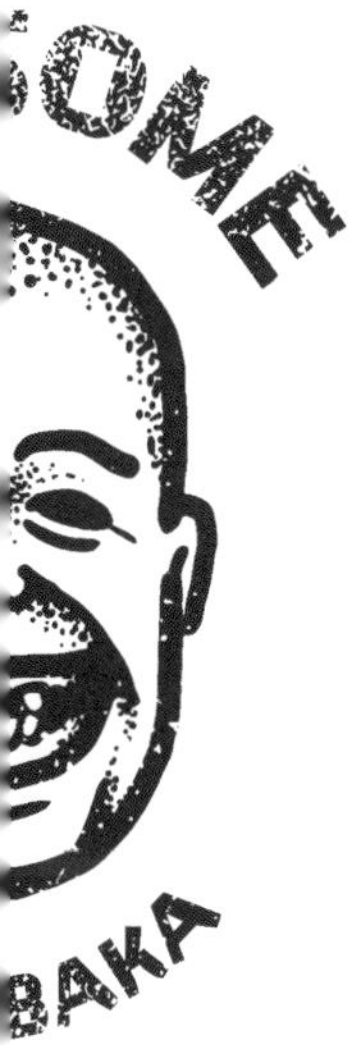

妄想する。空想する。想像する。思い描く。
表現はなんでもいいけど、まさに、すべてはそこからはじまるよね。

いろんな歴史を見てもわかるように、
時代を変えるような新しいアイデアは、いつも、素人の発想から生まれているしね。

★★★

たとえば、「WORLD PEACE. 世界平和」を、思い描く。
めっちゃ、素敵なことじゃないですか。

でも、実際は、それよりも、人々は何が気になるかというと、「ＡＩが進化すると私の仕事がなくなるんじゃないか？」とか、「年金は本当に大丈夫？　どれぐらい私の人生にダメージを与えるんだろう？」みたいな。こっちの方が、気になっちゃう。

だけど、テクノロジーはめちゃめちゃ進化していこうとしてる。

だとしたときに、**心配するんじゃなくて、今こそ、「こんな未来がいいと思う！」っていうことをみんなで描く時代だと思うんだよね。**

で、多くの人が共感すると、テクノロジーの進化は、そっちに寄っていくのね。

でも、今のままでいくと、今の価値観の、利権を守る方向へ動いてるから。

そうすると、実際に、多くの人が仕事を失うと思うんだけど、**今こそ全員が、「想像してみようよ！」**っていう。

だから、あのジョン・レノンは『Imagine』っていう曲を作ったんだと思うんだよね。

「時代がどっちに流れていったら、アナタにとって面白い時代になる?!」っていう感じでね。

たとえば、「男女は、すれ違うときに、必ずナンパしないといけない……」みたいなね（笑）。

★
★
★

そりゃ、毎日、大変だな（笑）。街に出なくなっちゃいそう（笑）。「ナンパ、めんどくせぇ」って。俺、そんな世の中になったら、さやか、街に出さねぇよ（笑）。

★
★
★

まぁ、要は、「**こんな世の中になったら楽しいよね！　笑うよね！」みたいなイメージを、みんなが出し合うようにしたいよね。そして、その中か**

ら、「これ、いいじゃん！ ちょっと、ヤバくない?! そうあるべきだよね！」っていう強烈なプランがあらわれたら……これ、実際に、社会運動になっていくと思うのね。


今後、せっかく、テクノロジーが進化して、もう、よくわかんない時代になるわけでしょ。だとしたら、「こっちがいいよね」って、みんなで描こうよって。

もう、「仕事、労働から解放してください！」みたいな、ね？

要は、「労働はもう、ロボットにお任せ！」みたいな。
※ベーシックインカムのような制度の導入も含めて、人間は労働から解放されて、「じゃ、何やる?!」みたいなところへ持っていくと、僕は、社会は大きく、素敵な方向にいくと思う。

そんなとき、誰もが望むものは、「WORLD PEACE」だよね。

「ケンカやめようよ！」っていう。「もう"全員が大切"ってなろうよ」みたいなね。

そうなっていったら、いいんじゃないかなぁって思うな。

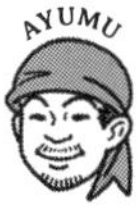

これ、誰かが言ってたんだけど、**「大きなシステムを壊すのは、小さなファンタジーだ」**って。

なんか、ドキッとするよね。

キラキラの小さなファンタジーって、本当は、誰の胸の中にも眠っていると思うし。

★
★
★

いい言葉だねぇ。

みんなの胸に眠っている小さなファンタジーを、どんどん送り出したいよね。

※ベーシックインカム

ベーシックインカム（Basic Income）とは、政府が、すべての国民に対して、所得保障として一定額の現金を定期的に支給するという社会政策の構想。日本語では「最低所得保障」と呼ばれる。

常識

JOURNEY & WORLD PEACE

3 旅・世界平和について

★★★

世界を平和にするために。
効果的な方法なんてない。

まず
バカ

世界中の子どもたちが友達になったら、
きっと、世界は平和になると思う！

あゆむが中心になって進めている、「世界中の子どもたちがみんな友達になれば、世界は平和になる！」っていうプロジェクトも、まだ、スタートアップの段階なのに、さっそく、アンテナ感度の高い世界的な団体や有名人から、「ぜひ、バックアップさせて欲しい」っていう話がどんどん舞い込んできて。「あれあれあれあれ？　あゆむくん、新しい世界作っちゃうの!?」って。すげーよなー。面白くなってきてるよね。

★★★

俺、ぶっちゃけ、世界平和って、数年前まで、まったくピンときてなかった。旅していても、正直、インド人なんて99％ムカついてたし、ジャマイカ人も7割くらいはムカついてたわけよ。まぁ、たまに仲良くなる奴はいるけどさ。
だから、**大人が言う、「人類がみんな友達になればいいんだ」みたいな話は、まったくピンときてなくて。**

JOURNEY & WORLD PEACE

3 旅・世界平和について

★ ★ ★

たとえば、俺、テロでさやかと息子の海、娘の空を殺されたら、「悪いけどヤッちゃうな、お返ししちゃうな」って思うし。それを、「僕は許します」とか絶対に言えないっていう感じが正直あるのよ。

だから、「世界が平和に」とか、「みんなが幸せに」ってなるための手段が見えてなかったから、リアルとは思ってなかったんだけど。


何年か前に、4歳と6歳の息子と娘を乗せて、家族でキャンピングカーで世界中を旅しているときに、驚いたことがあって。

旅先でさ、うちの息子と娘、言葉はまったく通じないんだけど、世界中の子どもたちと友達になるのよ。

もちろん全員とは言わない。やっぱり合う奴と合わない奴がいるんだけど、言語とか、「どうやって育ってきたのか」とか、そういうのをブッ飛ばしてスゲー仲良しになる。

それは、俺にとって大きな驚きで。

「あ、子どもたちは、言葉とか国境とか関係なく、友達になれるのか」っていう実感を得たときに、思ったんだよね。

子ども時代に、みんなが友達になれるような機会がちゃんと作られれば……。

国と国、お互いが背負った歴史とか、そういうのがインプットされる前の段階で友達になっちゃっておけば……。

もしかしたら、世界平和っていうのも、ありえるかもしれないな、ってさ。

世界中の子どもたちが、子ども時代に、みんな友達になって。

そいつらが全員、大人になったら……

単純だけど、自分の国の軍隊がさ、自分のマブダチが住んでいる都市に爆弾を落としそうになったら、「ふざけんな」って、止めようとするじゃん。

反戦運動とか、そういう難しい話じゃなくて、「俺の友達を殺すんじゃねえ」っていう個人的な欲求としてさ。

貧困でも、海外支援とかじゃなくて、**「おまえ、腹減ってんの？　大丈夫？　カロリーメイト送るよ！」**とか、そういう話になるわけじゃん。

まぁ、これはひとつの例だけど、国と国という単位ではなく、人と人という単位で、友達同士の助け合いが、世界中で起こりまくるんだぜ。

もし、すべての人が、世界200カ国に友達がいて、助け合うようになったら、今、地球上にある、ほぼすべての問題は解決するのでは？って思ったら、なんか、ドキドキしちゃってさ。

やっぱり、「世界中の子どもたちが友達になる」っていうことの強さっていうか、可能性って、すごいな、と思って。

「世界平和。そりゃ、めちゃくちゃ大変だろうけど、これ、頑張れば、マジで実現できるんじゃない？」っていうスイッチが入ってきちゃって。

そんな流れで、世界平和に向けた活動がはじまったんだよね。

まずは、今、住んでいるハワイ島をはじめとして、世界各地で、世界中の子どもたちが友達になるためのサマーキャンプを開催することからはじめてさ。

世界中の心ある団体とコラボしながら、「世界中の子どもたち同士を友達にしよう！」っていう活動を広げていって、最終的には、国連主導で、「ワールドフレンズイヤー」っていう制度が決まることを目指していて。

これは、貧しい子もお金持ちも、まったく関係なく、世界中のすべての子どもたちに、12歳になったら、世界一周が無料でプレゼントされる制度でさ。

「徴兵制」じゃなくて、「徴旅制」？って感じで（笑）。

その資金は、先進国が発展途上国を支えるとかではなく、「その国のお金持ちが、その国の貧乏な子の分を払う」っていうシステムを作って。

世界中の子どもたちが、みんなで、ひとつの船に乗りながら、約３ヶ月間、一緒に旅をするの。

世界中のリアルに肌で触れながら、世界中で、いっぱい友達を作りながら。

そんな旅が、世界中で、毎年、行われるようになって、**「世界中の子どもが友達になるのは、あたりまえでしょ」**っていう世の中になったら、すごくない？

JOURNEY & WORLD PEACE

3 旅・世界平和について

★★★

世界中の子どもたちが、みんな友達になって、共に創り上げていく未来の地球。
それが明るく見えるのは、俺だけじゃないっしょ。

まぁ、もちろん、まだ、スタートアップの段階で、何も結果を出してないし。
「お花畑?」みたいに聞こえるかもしれないけど、俺は、スイッチ入ってるんだよね。

まぁ、単純に、WORLD PEACEをテーマに動いていると、世界中の人と出会えて面白くてさ。世界中、誰もが、心の底では、WORLD PEACEを願っているから、ある意味、同じ目標を持ったチームメイト!って感じだもん。

俺、今46歳だから、人生は、まだ残り半分ぐらいあるし。
「今日、世界が平和になりました」っていうニュース。
生きているうちに、聞きたいね。
ぜひ、みんな、一緒に楽しもうよ!

常識

JOURNEY & WORLD PEACE

4 旅・世界平和について

★ ★ ★

人生を豊かにするためには、
もっと、獲得すること。

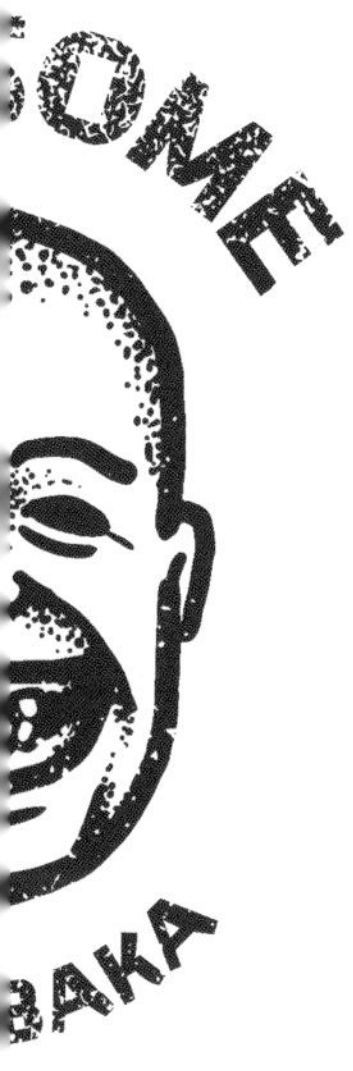

人生を豊かにするためには、
もっと、誰かを喜ばせること。

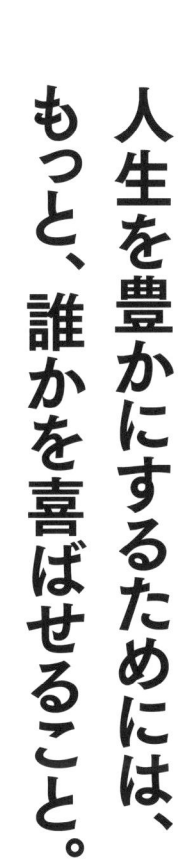

僕らは、昭和の「獲得していく」っていうカルチャーで育ってきたんだけど。平成生まれ、平成育ちの人は、「繋がる」っていうカルチャーだと思うんですよ。

そして、この令和っていう時代は、**「貢献」っていうカルチャー**に変わっていくんじゃないかな、と思っていて。

誰かのために役に立つ、貢献してる人って、「ありがとう」をもらってるので、自己承認ができている。

自分で、自分のこと、「いいね！」って思えてるわけ。

逆に、貢献の少ない人は、自己承認できていないので、「自分はダメだー、自分はダメだー」って痛めつけてるから、常に被害者意識を持っているんだけど、それを救ってしまうと、さらに被害者になるんだよ。

★★★

『トムソーヤの冒険』を書いた、マーク・トウェインも言ってるよね。
「自分を元気にするために一番良い方法は、誰か他の人を元気にすることだ」って。

★★★

そう。まさに、そう。
これからの時代、**もっと多くの人が、気軽に他人に貢献できる場を増やしていけば、みんなが自分に「いいね！」って思えるようになって、社会は一気に変わるぞ**って、なんとなく思っててさ。
でも、それを、「もっと、貢献しましょうねー！」っていうスローガンにしてしまうと、風化しやすいので、こんなことからはじめてみては、どうでしょう？

まず、**週に1回は、誰かを喜ばせる。**

家族でも、友達でも、恋人でも、仕事仲間でも、街で出会った人でも。

これ、やりだすとね、不思議と、いろんな人をサポートしたくなってくるの。

だから、癖になっちゃうんだよね。それが、開いてる瞬間だと思うんですけど。

最初は、週に1回くらいからはじめて、小さなことでいいから、毎日1回くらいまでいけると素敵だよね。


そして、これが、重要。

毎晩、眠るときに、「私、人の役に立ってるわ〜。あのとき、あの人、めっちゃ嬉しそうだったなぁ。よかった〜」と思い出しながら寝ること。

脳波がβ波、α波、θ波と、眠りに落ちていくときに、「貢献している自分のイメージを認識させていくこと」が、最高の瞑想になるんだって。

この世界は幻みたいなもので、すべてを決めているのは、自分の「認識」じゃないですか。

だから、自分に対する認識を変えていくことで、見える世界もどんどん変わっていくんだよね。

これを続けていくと、自分に対する「いいね!」感が、ぐんぐん上がっていくんじゃないかな、と思っていて。

僕自身も、今、これを実験中ですね。

★★★

確かに、「今日、誰かの役に立った?」って、いきなり質問されても、最初は、何も思いつかなかったりするじゃん?
だけど、**「毎日、夜、寝る前に、その質問がくる」と思って生活していると、役に立てそうなことないかな?って、探すよね。**
夜、寝るときに、「今日はこんなことで人の役に立ったな」って思い出さなきゃいけないわけじゃん、自分的に。
そうなると、暮らしながら、いろいろ探しはじめそうだな。

「何か役に立てることないかな？　コンビニにいく途中に、重い荷物を持ったおばあちゃん、歩いてないかな？」みたいな（笑）。

★★★

これくらいだったら、続けられそうでしょ？
これやったら、かなり自己肯定感が上がると思うんだよね。

★★★

今、言われてみて、確かに自分もそういうのやってるな、と思った。
日記とは言わないけど、メモみたいなものに、「アイツ、喜んでたなー」とか、そういうのをよく書いてる。
無意識に、自分に対して、「いいね！」しているんだね。

「毎晩、寝る前にやりましょう！」とか言われると、俺はロックンローラーだから、ちょっとキツイところあるけど……（笑）。

でも、正直、俺も、時間を見つけてはやっているね。

「さやかが喜んでたな」、「海と空（息子＆娘）が喜んでたな」、「友達がいい顔してたな」、「今日きてくれた人がいい顔してたな」「読者からの感謝のメールが嬉しかったな」とか、なにげに、日々、メモに書いてるもん。

★ ★ ★

あゆむは、寝る前に、必ず、ヒーローものの漫画を読んでいるんでしょ？

★ ★ ★

そうそうそうそう。

そう考えたら、そのタイミングではそうだね。もうほぼ１００％近く、ベッドの中で、寝る前に、漫画を読んでいる。俺、「歩く漫画喫茶」だからさ。３千冊くらいの漫画が、iPadに入ってるわけ。それを絶対、いつも持っているから。今も、また、宇宙兄弟を読んでいるし。

俺は、「漫画を読みながら寝る」っていうのは、昔っから、決まりにしてるな。

★★★

β波から、α波、θ波へと入っていくときが重要なんだよね。

そのタイミング、心配しながら寝ちゃう人が多いから。

起きているときは、脳波が活動状態のβ波になってるでしょ。リラックスしてきてα波になっていき、そこから意識が薄らいでいくとθ波となるんだけど、そこにどんな情報を入れるかっていうのが重要みたいね。

だからね、「今日は、誰かを喜ばせたかな？　……あれ？　なんにもできてないじゃん！」っていうときでも、「でも10年前のあのとき、クワガタをあげた子ども、誰か知らないけど喜んでたな……くが～」って寝られればいいわけでさ（笑）。

要は、すべて、「**世界は自分の認識が作っている**」ので。

別に過去でもいいから、貢献しているイメージを持ってきて、眠るといいですよって。

今、僕自身も、そこを、さらに深く研究中なんだよね。

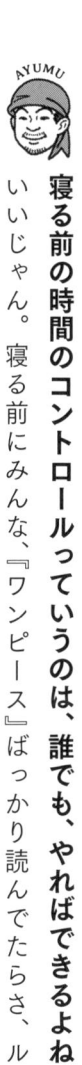

これ、本にして出せるようにしたいと思うんですけど。

★★★

寝る前の時間のコントロールっていうのは、誰でも、やればできるよね。

いいじゃん。寝る前にみんな、『ワンピース』ばっかり読んでたらさ、ルフィっぽくなってくるかもよ？　なんかウソップみたいになっちゃうかもしれないけど。

まぁ、それはそれで、いいかもしんない（笑）。

★★★

……ということで！
みなさんの大切な時間、一緒に過ごしていただいて、ありがとうございました！
楽しかったね！

★★★

イエーイ！（宇宙兄弟、ヒビト風に：笑）

まず、バカになろう。

いい夜を。
そして、いい夢を。
おやすみなさい。

MAZU-BAKA
SPECIAL MOVIE
★ ★ ★
映像のご案内
読者限定 特典MOVIE
★特別対談★
高橋歩 × 山﨑拓巳
Ayumu Takahashi×Takumi Yamazaki
撮影・編集：NAOYAH!!

映像のご案内　読者限定 特典MOVIE

★特別対談★　高橋歩 × 山﨑拓巳

本書はふたりの様々なシーンでの対談をベースに創り上げられました。

飲み会、旅先、そしてイベント……
その数ある対談の中から、今回はシークレットイベントとして開催した全4回の対談の様子を、書籍購入者限定の特典として特別公開いたします。

ふたりのリアルなやりとりは必見！
本に収録された言葉だけでは伝わりきらないノリや空気感を、映像を通してぜひ感じてください。

下記URLまたはQRコードからアクセスしてお楽しみください。

---

http://www.a-works.gr.jp/mazubaka/movie
※書籍購入者限定の特典として公開しているものです。無断転載・無断公開は固くお断りいたします。
※この特典は、予告なく終了させていただくことがあります。

■著者プロフィール

山﨑拓巳　Takumi Yamazaki

1965年三重県生まれ。広島大学教育学部中退。20歳で起業。現在は多岐にわたる事業を同時進行に展開中。

現在までに40冊超、累計150万部のベストセラー作家。

今年6月には、46冊目となる『最高のアウトプットができる スゴイ！学び方』(かんき出版)を出版。

他に主な著書として『やる気のスイッチ！』『人生のプロジェクト』『気くばりのツボ』『見えないチカラを味方につけるコツ』(サンクチュアリ出版)、『さりげなく人を動かす スゴイ！話し方』『お金のポケットが増える スゴイ！稼ぎ方』(かんき出版) など。

日本のみならずアメリカ、香港、台湾、韓国、中国ほか、海外でも広く翻訳出版されている。

講演活動は、「凄いことはアッサリ起きる」-夢-実現プロデューサーとして、メンタルマネジメント、コミュニケーション術、リーダーシップ論など多ジャンルにわたり行っている。

又ベストセラーとなった『やる気のスイッチ！』を元に「やる気を出す方法についてもっと知りたい！」という方の為に、やる気のスイッチセミナーを開催し、多くのファシリテーターも生みだしている。

最近では、新刊のスゴイ!シリーズとして「スゴイ!話し方」「スゴイ!稼ぎ方」のセミナーや勉強会も頻繁に行なっている。

アーティストとしての活躍の場も拡がり、国内外にて絵画展、Tシャツやバッグなどの展開も。

映画出演（「少女椿」）、作詞家活動（ムッシュ Dとのコラボ）、飲食店経営（タクメン@NY）等、あらゆる可能性にチャレンジを続け、今後更なる活躍が期待出来る。

official web site　http://www.taku.gr.jp/

■著者プロフィール

高橋歩　Ayumu Takahashi

1972年東京生まれ。自由人。

20歳の時、映画「カクテル」に憧れ、大学を中退し、仲間とアメリカンバー「ROCKWELL'S」を開店。2年間で4店舗に広がる。

23歳の時、すべての店を仲間に譲り、プータローに。自伝を出すために、出版社「サンクチュアリ出版」を設立。自伝『毎日が冒険』をはじめ、数々のベストセラーを世に送り出す。

26歳の時、愛する彼女・さやかと結婚。出版社を仲間に譲り、すべての肩書きをリセットし、再びプータローに。結婚式3日後から、妻とふたりで世界一周の旅へ。約2年間で、南極から北極まで世界数十カ国を放浪の末、帰国。

2001年、沖縄へ移住。音楽と冒険とアートの溢れる自給自足のネイチャービレッジ「ビーチロックビレッジ」を創り上げる。同時に、作家活動を続けながら、東京、ニューヨークにて、自らの出版社を設立したり、東京、福島、ニューヨーク、バリ島、インド、ジャマイカで、レストランバー＆ゲストハウスを開店したり、インド、ジャマイカで、現地の貧しい子どもたちのためのフリースクールを開校するなど、世界中で、ジャンルにとらわれない活動を展開。

2008年、結婚10周年を記念し、家族4人でキャンピングカーに乗り、世界一周の旅に出発。2011年、東日本大震災を受けて、旅を一時中断。宮城県石巻市に入り、ボランティアビレッジを立ち上げ、2万人以上の人々を受け入れながら、復興支援活動を展開。現在も、石巻市・福島市を中心に、様々なプロジェクトを進行中。

2013年、約4年間に渡る家族での世界一周の旅を終え、ハワイ・ビッグアイランドへ拠点を移す。

現在、著作の累計部数は200万部を超え、英語圏諸国、韓国、台湾など、海外でも広く出版されている。

official web site　http://www.ayumu.ch

まず、バカになろう

2019年12月20日　初版発行

著　高橋歩　山﨑拓巳

デザイン　高橋実
編集　滝本洋平
カバーイラスト　©istockphoto_Artem Dziuba
イラスト　ナナホシ

協力　NAOYAH!!　内藤久佳　本田恵理

発行者　高橋歩

発行・発売　株式会社A-Works
〒113-0023 東京都文京区向丘 2-14-9
URL : http://www.a-works.gr.jp/　E-MAIL : info@a-works.gr.jp

営業　株式会社サンクチュアリ・パブリッシング
〒113-0023 東京都文京区向丘 2-14-9
TEL : 03-5834-2507　FAX : 03-5834-2508

印刷・製本　中央精版印刷株式会社

PRINTED IN JAPAN